Schluss mit E-Mail Stress!

Ein bewährtes Ordnungssystem
zum Zeit sparen,
Lebensqualität gewinnen und
Burnout vorbeugen

Barbara Brühwiler

1. Auflage 2016

www.BarbaraBruhwiler.com/Autorin

Damen und Herren
Um das Buch kürzer und übersichtlicher zu halten wird im Text meistens die männliche Form benützt. Wir Frauen sind selbstverständlich immer mitgemeint.

Herstellung und Druck:
siehe Angaben auf der letzten Seite

ISBN: 978-1519501806

Inhaltsverzeichnis

Ihr Dankeschön-Geschenk:

Danke, dass Sie sich für dieses Buch entschieden haben!

Als Dankeschön erhalten Sie kostenlos die Hörbuch-Version meines Buches „In 8 einfachen Schritten zum erfolgreichen Smalltalk: Nette Leute kennenlernen, Ihr Netzwerk ausbauen, Freunde finden, Selbstbewusstsein ausstrahlen“.

Dieses Hörbuch steht exklusiv nur Ihnen, meinen Lesern, zur Verfügung.

Laden Sie dieses Hörbuch hier herunter:

www.BarbaraBruhwiler.com/Smalltalk-gratis-Hoerbuch

1

Einführung: E-Mail verschwendet Zeit und verursacht Stress

Vor ein paar Monaten habe ich ein paar Freunden eine Frage gestellt:

"Was stört Dich am meisten im Alltag?"

Die Antwort war eindeutig:

„Die tägliche E-Mail Flut.“

Geht es Ihnen ähnlich?

Wird Ihnen der übervolle E-Mail Posteingangskorb auch zu viel? Verlieren Sie sich ebenfalls in der deprimierenden Menge von Nachrichten? Bleiben auch bei Ihnen wichtige E-Mails (zu) lange unbeantwortet? Fühlen Sie auch oft, dass Sie kaum Zeit haben für die wirklich wesentlichen Aufgaben?

Wir sind nicht die einzigen mit diesem Problem.

Meine Freunde sagten Dinge wie:

„Mein E-Mail Postfach quillt über. Ich kann einfach nicht alle Nachrichten beantworten. Es braucht enorm viel Zeit und es ist mühselig, die wichtigen E-Mails aus dieser Menge herauszufischen. Könnte ich nur jeden Tag mit einer leeren Inbox starten!"

Jeden Tag einen übervollen E-Mail Posteingang öffnen zu müssen löst in der Tat Frustration und Stress aus. Für die meisten von uns ist es das erste, was wir am Morgen machen. Beim Anblick der vielen neu eingegangenen Nachrichten, die über der Menge von unbearbeiteten älteren E-Mails sitzen, verpufft unsere morgendliche Energie sofort. Und so beginnt der Arbeitsalltag mit einem grossen Stöhnen.

Was sind die Folgen davon?

- **Produktivität:** sinkt in den Keller.

- **Konzentration:** leidet durch die ständige Ablenkung.

- **Zufriedenheit:** wird in Stress und Frustration verwandelt.

- **Ziele:** werden aus den Augen verloren und nicht erreicht.

Tatsächlich ist der Schaden, den die übervollen E-Mail Eingangskörbe verursachen, beträchtlich:

Erstens leidet unsere Lebensqualität unter dem Stress, andauernd E-Mails lesen und beantworten zu müssen. Oft benützen wir nämlich auch unsere Freizeit dafür. Und sind darum kaum mehr fähig, richtig von der Arbeit Abstand zu nehmen und uns zu entspannen.

Zweitens schaden die vielen E-Mails auch der Wirtschaft:

Wissenschaftler der University of California fanden zum Beispiel heraus, dass Menschen im Büroalltag durchschnittlich 25 Minuten brauchen, bis sie sich nach dem Lesen einer E-Mail wieder voll auf ihre ursprüngliche Aufgabe konzentrieren können. Damit erreichen wir eine Konzentrationsfähigkeit, die in etwa so hoch – oder besser: niedrig - ist wie nach einer schlaflosen Nacht!

Konzentrationsmangel führt zu sinkender Produktivität. Experten beziffern den Schaden daraus auf jährlich fast 600 Milliarden Dollar, und dies allein in den USA.

Gemäss einer Studie von McKinsey verwenden viele Manager 28% ihres Arbeitsalltags auf das Bearbeiten von E-Mails. Das wären dann rund 2.5 Stunden pro Tag.

Tönt nicht richtig besorgniserregend, oder? Halt was man so macht?

Hochgerechnet gibt das aber rund 4 Monate pro Jahr, in denen diese Manager nichts anderes mehr tun während der Arbeitszeit als E-Mails lesen und schreiben. Das muss man sich einmal vorstellen!

Logischerweise leiden andere Bereiche, wenn so viel Zeit für die E-Mail Bearbeitung eingesetzt wird.

Je mehr Stunden Sie für E-Mail Bearbeitung investieren, desto weniger können Sie sonst erledigen, sei dies bei der Arbeit oder in Ihrer Freizeit.

Kein Wunder dass sich so viele Berater und Produktivitätsspezialisten mit dem Phänomen E-Mail beschäftigen.

Entwickelt wurden nicht nur Strategien, um mit der täglichen E-Mail Flut umzugehen, sondern auch technische Lösungen wie Apps, spezialisierte elektronische Kalender, und so weiter.

Technologie ist sicher hilfreich, scheint mir aber nicht unbedingt dazu geeignet, das Problem bei den Wurzeln zu packen. Die Gefahr ist gross, dass wir uns damit einfach verzetteln.

Haben Sie auch schon probiert, die ganz, ganz wichtigen E-Mails in Ihrer Inbox nicht direkt zu erledigen sondern zu „flaggen“, für später? Und die ganz wichtigen rot anzustreichen? Die wichtigen werden in verschiedene, ausgeklügelte Ordner verschoben? Nur dass Sie dann bald nicht mehr wissen, was Sie sich bei der Erstellung der 17 Ordner genau gedacht haben und welches E-Mail jetzt wo ist?

Bei mir hat das alles nicht geklappt. Nicht weil die technologischen Hilfsmittel nicht nützlich wären, sondern weil ich nicht mit System vorging.

Ohne System kommen wir bei der E-Mail Erledigung nicht zum Erfolg. Experten wie Lothar Seiwert, David Allen, Werner Tiki Küstenmacher, Stephen R. Covey und Leo Babauta haben darum ihre eigenen Strategien für verbesserte Produktivität und Zeitmanagement veröffentlicht. Daneben können Sie auf hunderten, wenn nicht tausenden von Blogs Tipps und Tricks zur E-Mail Bewältigung lesen.

Aber eben:

Das Problem ist, dass es so unglaublich viel Information gibt, und dass es beinahe unmöglich ist, das einfachste System zur Erledigung unserer E-Mails zu finden!

Weil ich selber tagtäglich mit einer vollen E-Mail Inbox zu kämpfen hatte, habe ich mich umgesehen, mich durch Blogs und Bücher gelesen und die vielversprechendsten Strategien ausprobiert. Manche haben mir geholfen, andere musste ich verwerfen.

Die besten Taktiken habe ich schliesslich zu einem einfachen System zusammengefügt, mit dem Sie in 7 Schritten Ihr E-Mail Postfach leeren und dauerhaft aufgeräumt behalten können.

In vielen Büchern werden Ihnen Theorien und Abhandlungen über Zeitmanagement oder aber eine lose Sammlung von – praktischen oder weniger praktischen – Tipps vorgestellt. Im Gegensatz dazu finden Sie in ***Schluss mit E-Mail Stress!*** nur eins:

Ein praktisches, einfaches System, wie Sie Schritt für Schritt Ihr E-Mail Postfach leeren und die Flut der täglich eintreffenden E-Mails besiegen.

Verschiedene erprobte Tricks, Ideen, Tipps und Strategien werden auch Ihnen helfen, Ihre E-Mails rasch und effizient zu bearbeiten und so kostbare Zeit zurück zu erobern. Mit den Checklisten, die dieses Buch begleiten, werden Sie dem System mühelos und ohne grossen Aufwand folgen können. Die Checklisten finden Sie hier: www.barbarabruhwiler.com/email-checklisten.

Und jeden Tag werden Sie das befriedigende Gefühl geniessen, dass Sie Ihre E-Mails endlich in den Griff bekommen haben!

Und wer bin ich?

Wahrscheinlich fragen Sie sich wer ich bin und warum ich dieses Buch geschrieben habe.

Mein Name ist Barbara Brühwiler. Ich bin Juristin, Buchautorin und führe ein kleines Internetunternehmen.

Zeitmanagement und die effiziente Nutzung jeden Tages ist ein Thema, das mich schon lange sehr beschäftigt. Mit Ehemann, zwei Kindern, Haustieren und meiner Arbeit muss ich mir meine Zeit schon ein bisschen einteilen.

Daneben liebe ich geordnete Verhältnisse (im „Organisation“ Bereich von IKEA gerate ich zum Beispiel wegen all’ den praktischen Behältern, die totale Ordnung versprechen, in Verzückung) und kann einen gewissen Hang zum Perfektionismus nicht abstreiten.

Deshalb bin ich dauernd am Ausschau halten nach Ideen, wie das Leben einfacher und effizienter gestaltet werden kann.

Ich lese viel und gerne, doch für den Alltag kann ich nur gebrauchen was praktisch ist, oder, wie meine Eltern sagen würden, was Hand und Fuss hat.

Mit einem Internetunternehmen bekomme ich natürlich auch jede Menge E-Mails. Vor ein paar Monaten wurde ich von der Flut fast mitgerissen. Auch mein Mann stöhnt regelmässig über den E-Mail Überfluss, mit dem er tagtäglich bei seiner Arbeit zu kämpfen hat.

Eine gute Lösung musste her.

Wochenlang suchte ich Ideen, probierte aus und musste die meisten wegen Untauglichkeit in der Praxis wieder verwerfen. Nach ein paar Wochen aber hatte ich gefunden, was ich gesucht hatte: ein praktisches und effizientes System, mit dem ich endlich Kontrolle über meine E-Mails habe – und behalte.

Und das Beste daran ist: Dieses System kann von jedermann angewendet werden. Denn dieses Buch ist nicht über mich, sondern es ist für Sie, damit Sie Ihre tägliche E-Mail-Flut in den Griff bekommen können.

Nur ein paar wenige Schritte trennen Sie von der Befriedigung eines leeren E-Mail Posteingangskorbs. Also, packen wir's an!

2

Falsche Vorstellungen, die Sie behindern

E-Mails haben wortwörtlich unsere Welt verändert. Obwohl es diese Art von Kommunikation noch nicht soo lange gibt, hat sie sich, dank ihrer unbestreitbaren Vorteile, blitzartig verbreitet. Schnell, praktisch, ohne grossen Zeitaufwand verfügbar: E-Mail passt in unsere moderne Welt.

Interessant ist dabei, dass sich in unserer Beziehung zum E-Mail-Bekommen und E-Mail-Schreiben einige uralte Vorstellungen zeigen. Und ein paar davon verhindern, dass wir uns vom E-Mail Stress lösen können.

Die meisten Menschen sind sich dieser Vorstellungen gar nicht bewusst.

Bevor Sie sich Ihren E-Mail Posteingang vornehmen, empfehle ich Ihnen, dass Sie sich ein paar Gedanken machen. Prüfen Sie, ob Sie vielleicht falsche Vorstellung hegen, die Sie daran hindern, E-Mails effizient und schnell zu erledigen und damit Stress zu vereiteln.

In Sachen E-Mail-Verkehr glauben viele Menschen an neun Mythen, die sie an einem befriedigenden Umgang mit E-Mails behindern.

Nicht alle davon müssen auf Sie zutreffen, natürlich. Aber ich empfehle Ihnen, dass Sie sich diese falschen Vorstellungen einmal durch den Kopf gehen lassen und entscheiden, ob Sie einen oder mehrere dieser Fehler machen.

Dies sind die neun falschen Vorstellungen:

Mythos Nr. 1: Ich muss jederzeit verfügbar sein.

Ohne Zweifel ist dies ein weitverbreiteter Glaube. Ob in Australien oder in Grönland, wir haben unser Mobiltelefon dabei und sind erreichbar. 24 Stunden am Tag, und an jedem Tag des Jahres. Die Technik macht's möglich.

Weil wir jederzeit *erreichbar* sind haben wir das Gefühl, dass wir auch *verfügbar* sein müssen. Viele Menschen denken, dass sie nicht nur eingehende Nachrichten umgehend beantworten, sondern sich auch andauernd auf dem Laufenden halten müssen darüber, was bei der Arbeit oder im Privatleben so läuft.

Erreichbar sein ist jedoch mitnichten dasselbe wie verfügbar sein:

Erreichbarkeit bedeutet, dass man mich kontaktieren kann. Ich bin nicht von jeglichem Kontakt abgeschottet. Aber man *soll* mich nicht kontaktieren, ausser in einem Notfall. Wenn es ganz dringend und wichtig ist. Die Betonung muss hier auf „dringend UND wichtig“ sein. Mit allem anderen sollte man mich im Moment nicht belästigen.

Verfügbarkeit hingegen bedeutet, dass ich für jeden und für jegliche Anfragen zu Diensten bin. Jederzeit darf man mir Fragen stellen oder Aufträge erteilen, egal wo ich mich gerade befinde oder womit ich gerade beschäftigt bin.

Wenn wir Erreichbarkeit gegenüber Verfügbarkeit abwägen, müssen wir unterscheiden zwischen Arbeitszeit und Freizeit:

Während unserer Arbeitszeit müssen wir wohl zu einem grossen Teil verfügbar sein, zumindest für unseren Chef oder andere wichtige Personen. Ich bin aber durchaus der Meinung, dass es legitim ist, wenn nicht sogar nötig, sich manchmal auszuklinken. Es macht Sinn, wenn wir uns für eine gewisse Zeit vollständig auf nur eine Sache konzentrieren können, um sie schnell und sorgfältig zu erledigen. Während dieser Zeit können die anderen warten. Ausser eben in Notfällen.

Auch Pausen müssen sein. Es ist wissenschaftlich erwiesen, dass Pausen die Konzentration erhöhen. Somit profitiert auch der Arbeitgeber davon, dass wir die Arbeit für eine kurze Zeit unterbrechen. Insbesondere wenn wir während der Pause auch mal vom Arbeitsplatz aufstehen und vielleicht etwas trinken – beides macht das Gehirn leistungsfähiger.

Ähnliches gilt für Geschäftsreisen: lange Tage und kurze Nächte sind normalerweise ein Nebeneffekt, oftmals auch Jet-Lag. Das strengt Körper und Geist an. Der Druck, daneben noch das Tagesgeschäft zu erledigen, ist dann zu viel Stress.

Und unsere Freizeit? Am Abend, über's Wochenende oder in den Ferien: Muss ich da andauernd erreichbar und verfügbar sein? Ich denke nicht. Nur wenn Sie auch einmal abschalten können, werden Sie auf längere Zeit leistungsfähig sein. Und nur so werden Sie das Leben geniessen können.

In Bonus Tipp 1 am Ende des Buches erzählt uns Karl Allmen, wie er grundsätzlich immer auf seinem Smartphone verfügbar war und schliesslich wegen dem anhaltenden Stress ins Krankenhaus eingeliefert werden musste.

Die Freizeit ist auch die Zeit, in der Sie sich Ihren Lieben widmen können. Benützen Sie die Gelegenheit und geben Sie ungeteilte Aufmerksamkeit, *das* Luxusgut unserer Zeit.

Mythos Nr. 2: Ich muss meine E-Mails andauernd kontrollieren.

Diese Vorstellung hängt eng mit Mythos Nr. 1 zusammen. Nicht nur muss man immer und andauernd für andere verfügbar sein, man muss auch jede einigermassen freie Minute nutzen, um seine E-Mails „abzuarbeiten“. Viele Leute lesen als erstes nach dem Aufstehen ihre E-Mails, und noch mehr prüfen ihren Posteingang während dem Abend und vor dem Schlafengehen.

Das verursacht Stress!

Mit dem andauernden E-Mail Lesen ist völliges Abschalten von der Arbeit ausgeschlossen - und dabei haben wir ja schon festgestellt, dass Pausen arbeitstechnisch sehr wichtig sind.

Aber natürlich stellt sich auch „Freizeitstress“ ein. Sind Sie tatsächlich immer in der Laune, jederzeit mit Ihren Freunden und Bekannten zu chatten? Und deren „Lustiges Katzenvideo, musst du gesehen haben“ jetzt sofort anzuschauen?

Dass wir uns sogleich den eingehenden Nachrichten widmen, gibt uns ein Gefühl von Effizienz. Schliesslich haben wir doch die eine oder andere E-Mail umgehend beantworten und damit aus dem Weg schaffen können, oder?

Ob Sie damit Zeit sparen, ist aber alles andere als sicher. Letztlich sind Sie mit grosser Sicherheit produktiver und effizienter, wenn Sie Ihre E-Mails während einer Sitzung am Computer eine nach der anderen lesen und bearbeiten, statt selektiv Nachrichten zu beantworten und sich womöglich mühsam auf der winzigen Tastatur des Mobiltelefons zu bewegen.

Die Lösung ist einfach: Kontrollieren Sie Ihre E-Mails nur zu festgesetzten Zeiten, und zwar höchstens dreimal am Tag, besser sogar zweimal. Diese Zeit widmen Sie einzig und allein Ihren E-Mails.

Wann Sie Ihre E-Mails bearbeiten, hängt natürlich von Ihrer persönlichen Situation ab.

Für die meisten Menschen sind der spätere Morgen, nach dem Mittag, und circa eine Stunde vor Arbeitsende ideale Zeiten, um ihre E-Mails durchzuarbeiten. Die ersten Stunden des Tages können Sie so für wichtige Aufgaben nutzen, die Sie weiterbringen. Und wenn Sie Ihre E-Mails vor dem Arbeitsende abgearbeitet haben, können Sie in Ruhe und mit gutem Gewissen den Feierabend geniessen.

Mythos Nr. 3: Ich muss immer antworten.

Dies ist ein ganz besonders tief sitzendes Gefühl bei uns allen: Wenn uns jemand etwas gibt, dann möchten wir uns revanchieren. Und wenn uns jemand anspricht, dann wollen wir antworten. Dies ist normales höfliches Verhalten, oder?

Andererseits: Ist es höflich, wenn uns jemand etwas gibt, was wir gar nicht wollen? Ist es höflich, wenn uns jemand in ein Gespräch verwickeln will, während wir mit jemand anderem sprechen oder sonstwie beschäftigt sind?

Wir müssen nicht auf jede E-Mail antworten, genauso wenig wie wir auf jede Bemerkung etwas entgegnen oder mit jedem Menschen sprechen müssen.

Der Irrglauben, dass wir keine E-Mail unbeantwortet lassen können, bringt uns dazu, Zeit aufzuwenden um „sinnlose" E-Mails zu schreiben.

Ebenso problematisch ist das Gegenteil: Manche Menschen lassen solche E-Mails einfach im Postfach liegen, weil sie sie nicht beantworten wollen. Mit der wenig befriedigenden Wirkung, dass der E-Mail Eingangskorb immer voller und unübersichtlicher wird.

Mythos Nr. 4: Ich muss sofort reagieren.

Die gerade diskutierte falsche Vorstellung führt direkt zu einem weiteren Irrglauben: dass man unprofessionell erscheint, wenn man E-Mails nicht sofort beantwortet.

Unser modernes Leben ist schnell und hektisch; wir sind darauf getrimmt, sofort Ergebnisse zu erwarten oder Antworten zu bekommen. Deshalb stellen wir uns vor, dass unser Gegenüber uns für unprofessionell, nicht interessiert, schlampig oder sogar faul hält wenn wir uns nicht zügig melden.

Diese falsche Vorstellung ist eine, die zum Beispiel lange für mich galt (und an der ich immer noch arbeite). Dabei habe ich dieses Problem selber für mich kreiert: Nachdem ich lange Zeit immer sofort auf E-Mails geantwortet hatte, erwarteten die anderen das von mir. Und als ich meine Angewohnheit änderte, bekam ich Nachrichten von wegen „Hey, was ist los mit Dir? Ich habe schon vor 2 Stunden eine E-Mail geschickt und immer noch keine Antwort bekommen."

Tatsache ist, dass jemand, der eine sofortige Antwort von Ihnen benötigt, schlecht organisiert ist – nicht Sie.

Tatsache ist auch, dass Sie es in der Hand haben, wie Sie ihr Gegenüber „erziehen", welche Erwartungen Sie erwecken. Die Welt geht nicht unter, wenn Sie mit dem Beantworten von E-Mails zuwarten. Und Ihnen erwächst weniger Stress. Damit ist die Lösung klar, oder? Sogar wenn Sie die nötige Zeit und Gelegenheit haben, prüfen Sie E-Mails besser nicht andauernd, und beantworten Sie sie bloss nicht immer umgehend!

Mythos Nr. 5: Meine E-Mails müssen ausführlich sein.

Gerade wenn wir eine seitenlange E-Mail beantworten müssen, fühlen wir den Druck, ebenso lang und ausführlich zu antworten.

Doch macht das Sinn? Ist mehr wirklich besser?

Eigentlich nicht, finde ich. Erstens muss ich bei einer ellenlangen E-Mail mehr lesen, brauche also mehr Zeit. Zweitens brauche ich mehr Zeit um eine lange E-Mail zu schreiben. Also: Zeitverlust allenthalben! Kurz ist eindeutig besser.

Aber wie kurz? Was, wenn ich nur „Ja, das ist richtig“ schreiben muss als Antwort auf eine seitenlange E-Mail? Ist das unhöflich?

Eigentlich nicht, finde ich. Der Empfänger spart Zeit, und der Absender ebenso. Die Aussage ist klar und genügt daher.

Zumindest für jemanden, den ich gut kenne und mit dem ich regelmässig E-Mails austausche

Drum: kurz ist effizient, nicht unhöflich!

Die Ausnahmen von dieser Regel sind wohl E-Mails von Familie und Freunden. Auf die Frage „Wie geht es Dir?“ wäre „Gut.“ wohl doch etwas zu kurz.

Auch in formellen E-Mails, zum Beispiel an Geschäftskunden, würde ich im Zweifel eher einen Satz zu viel als zu wenig schreiben.

Mythos Nr. 6: E-Mails sind praktisch für Besprechungen.

Das haben Sie sicher auch schon erlebt: Sie stellen eine Frage per E-Mail, erhalten gleich eine Antwort samt weiterer Fragen, und so weiter. Bald finden Sie sich in einem Pingpong von E-Mails mit Ihrem Gegenüber. Ist doch praktisch, dass Sie die Angelegenheit gleich erledigen können, oder?

Lassen Sie mich eine Gegenfrage stellen: Wie schnell können Sie Maschine schreiben bzw. tippen? Schneller als sprechen?

Der Sinn von E-Mails war niemals, dass wir damit „chatten“. E-Mails sollten uns Gelegenheit geben, auf eine Anfrage dann zu antworten, wenn wir dafür Zeit haben. Oder wenn wir die dafür nötige Recherche erledigt haben.

Für ein Fragen-Pingpong sind E-Mails hingegen zu schwerfällig. Besser ist es, wenn Sie Ihren Gesprächspartner gleich anrufen, die Angelegenheit besprechen und sie so schnell und effizient erledigen.

Müssen Sie hingegen, aus welchem Grund auch immer, mit Ihrem Gegenüber „chatten“, dann ist z.B. das Nachrichten-Programm von Skype die bessere Lösung. Es ist schneller und übersichtlicher als schwerfällige E-Mails.

Mythos Nr. 7: Wichtig ist wichtig.

Manche Angelegenheiten sind zeitkritisch und dringend. Die meisten sind es nicht.

Leider gibt es immer wieder Menschen, die andere unter unnötigen Druck setzen, einen Beitrag zu einer „wichtigen und dringenden“ Sache leisten zu müssen. Und zwar jetzt sofort, versteht sich.

Aber manchmal entlockt uns nur ein Schulterzucken, was anderen hochwichtig ist. Ähnlich ist das bei E-Mails.

Sie dürfen, ja müssen sich in Ruhe überlegen, ob eine E-Mail, die als „wichtig“ gekennzeichnet ist, das auch wirklich ist – und zwar für Sie.

Wenn Sie eine E-Mail bekommen, die „dringend“ ist, dann kann das daran liegen, dass Ihr Gegenüber schlecht geplant hat. Sie können entscheiden, ob Sie diese Haltung unterstützen oder nicht. Mehrmals würde ich das bestimmt nicht machen, denn es ist doch unfair, wie Ihr Gegenüber Sie unnötig unter Zeitdruck setzt. Spielen Sie nicht einfach mit, dann wird der andere es sich bestimmt zweimal überlegen, ob er Sie und sich selber in Zukunft nochmals in diese unangenehme Situation bringen will.

Auch sonst gebe ich zu bedenken, dass ein E-Mail Austausch zweiseitig ist. Ihre eigenen Prioritäten sind mindestens ebenso wichtig wie die des Senders. Darum müssen Sie das „wichtig“ nicht als in Stein gemeisselt annehmen.

Sie dürfen solche E-Mails durchaus als dritte Priorität einstufen und erst dann behandeln, wenn Sie Zeit dafür finden.

Mythos Nr. 8: Mein E-Mail Postfach ist meine Aufgabenliste.

Hand hoch: Wer hat schon E-Mails im Posteingangskorb liegen lassen als Erinnerung daran, was er nächstens zu tun hat? Meine Hand ist oben, und Ihre?

Das ist keine gute Idee, aus verschiedenen Gründen:

Erstens ist es schwierig zu sehen, was tatsächlich gemacht werden muss, wenn „Kraut und Rüben" an E-Mails im Postfach liegen.

Zweitens ist bei den meisten E-Mails nicht auf den ersten Blick direkt ersichtlich, was zu tun ist. Betreffzeilen sind leider meistens nichtssagend. Wenn Sie sich ans Bearbeiten machen, müssen Sie erst die E-Mail nochmals lesen um herauszufinden, was Sie damit anstellen müssen.

Drittens ist es unmöglich, die einzelnen E-Mails und damit Aufgaben im Posteingang nach Priorität anzuordnen.

Viertens wirken die vielen E-Mails = Aufgaben, die Sie andauernd in Ihrem E-Mail Postfach sehen, ablenkend. Ihr Auge fällt immer und immer wieder auf sie. Das ist nicht nur ineffizient, sondern wirkt auch demotivierend. Sie bekommen den Eindruck, dass Sie Ihre Aufgabenliste *niemals* aufarbeiten können, und deshalb werden Sie irgendwann aufhören, sich anzustrengen. Es bringt ja doch nichts.

Aus eigener Erfahrung weiss ich, dass diese schlechte Angewohnheit schwer zu überwinden ist...
Kennen Sie den Trick, wie man Unkraut dauerhaft los wird? Man muss es durch Blumen ersetzen. Sonst nistet es sich schnell wieder am alten Platz ein.
Dasselbe müssen wir hier machen: Diese schlechte Angewohnheit ausmerzen, indem wir sie durch eine gute Ge-

wohnheit ersetzen. Ein paar Tipps dazu habe ich Ihnen im Bonus Tipp 2 am Ende des Buches zusammengestellt.

Mythos Nr. 9: Alle E-Mails löschen ist die Lösung.

Wenn ihr E-Mail Postfach übervoll ist, dann löschen manche Leute einfach alle Nachrichten. Das scheint die einfachste Lösung zu sein – *scheint*. Tatsächlich kreiert dieses Vorgehen drei grosse Probleme:

Erstens macht man sich bei anderen nicht gerade beliebt.

Zweitens läuft man Gefahr, etwas Wichtiges zu verpassen.

Und drittens ist das Problem nicht gelöst. In ein paar Wochen wird der Posteingang wieder genau so voll sein.

Wie sieht es bei Ihnen aus, folgen Sie auch einer oder mehrerer dieser falschen Vorstellungen? Diese Irrglauben hindern Sie leider daran, Ihre E-Mails in den Griff zu bekommen und den daraus entstandenen Stress abzubauen.

In den folgenden Kapiteln dieses Buches werden Sie daher Schritt-für-Schritt Strategien lernen, wie Sie diese Fehler vermeiden und sich das Leben viel einfacher und angenehmer machen können.

3

Bündeln und Leeren

Die meisten von uns haben ein zu volles E-Mail Postfach. Insbesondere die Meinung, dass man die Inbox als Aufgabenliste benützen kann, ist wohl ein Grund dafür.

Deshalb ist es als allerersten Schritt das Beste, wenn Sie Ihren Posteingang jetzt erst einmal leeren – nicht löschen! – und das gute Gefühl geniessen, dass Ihnen nicht andauernd unerledigte Aufgaben vor Augen geführt werden.

Den Posteingangskorb leeren

Also, wir machen jetzt dies:

1- Öffnen Sie einen neuen E-Mail Ordner. Sie können ihn “Temporär” nennen oder was auch immer Ihnen gefällt.

2- Verschieben Sie ALLE Ihre E-Mails aus der Inbox in diesen neuen Ordner.

3- Gehen Sie zurück zu Ihrem Posteingang. Geniessen Sie die Ordnung und das wohlige Gefühl, keine unerledigten Aufgaben sehen zu müssen.

Psychologisch gesehen wird ein leerer Posteingangskorb Sie dazu motivieren, diesen Zustand beizubehalten. Plus Sie werden jederzeit deutlich sehen, ob Sie sich an das gewählte Programm halten.

Nur dass wir uns richtig verstehen: Die E-Mails aus der Inbox einfach in einen anderen Ordner zu verschieben machen wir genau EINMAL. Wie vorher erwähnt ist das NICHT eine dauerhafte Lösung unseres E-Mail Problems!

Alle E-Mail Accounts zusammenfassen

Für verschiedene Bereiche meines Lebens habe ich verschiedene E-Mail Adressen, und vielen von Ihnen geht es wohl ebenso.

Denken Sie kurz darüber nach: könnten Sie eventuell den einen oder anderen E-Mail Account komplett schliessen? Und damit Ihr Leben einfacher machen?

Als nächsten Schritt „besuchen" Sie jeden Ihrer E-Mail Accounts. In jedem Posteingang machen Sie dasselbe wie in Ihrem Haupt-E-Mail Account: die Nachrichten im Eingangskorb in den „Temporär"-Ordner verschieben.

Dann ändern Sie die Einstellungen dieses E-Mail Accounts so, dass alle neu eingehenden E-Mails von nun an direkt in Ihr Haupt-E-Mail Account weitergleitet werden.

AUSSER: Die E-Mail Accounts, die Sie speziell für einen bestimmten Zweck eingerichtet haben und nicht wirklich kontrollieren (müssen), können Sie in Ruhe lassen. Es ist bestimmt nicht förderlich, ausgerechnet diese unwichtigen E-Mails in Ihre kostbare leere Haupt-E-Mail Inbox fliessen zu lassen.

In Ihrem E-Mail Bearbeitungsprogramm, z.B. Microsoft Outlook oder in Gmail, können Sie Accounts für Ihre anderen E-Mail Adressen einrichten. In Zukunft können Sie bequem von einem Ort aus alle Ihre E-Mails empfangen und verschicken.

Das habe ich zum Beispiel so eingerichtet: In meiner Outlook Oberfläche habe ich meine fünf E-Mail Adressen/Accounts eingerichtet. Eine Kopie jedes eingehenden E-Mails von allen diesen Adressen fliesst in einen gemeinsamen Posteingang, dank Weiterleitung. Von dort aus kann ich bequem alle Nachrichten von meinen fünf Adressen bearbeiten und beantworten. Ich muss nur die jeweils richtige E-Mail Adresse als Absender auswählen.

Der nächste Schritt

Was machen wir jetzt mit den „alten“ E-Mails, die sich im „Temporär“ Ordner befinden?

Bearbeiten natürlich. Sie können jeden Tag ca. 15 bis 30 Minuten dafür reservieren, diese E-Mails zu beantworten, archivieren, löschen, und so weiter.

Wie genau Sie das machen, wird im Kapitel 7, *Altlasten loswerden,* beschrieben.

Im Moment ist es aber vor allem wichtig, dass Sie sich um Ihr E-Mail Postfach kümmern.

Im nächsten Kapitel finden Sie die 7 Gewohnheiten die dafür sorgen werden, dass Ihre Inbox so schön aufgeräumt und leer bleibt wie sie jetzt ist.

Fangen Sie umgehend damit an, diese guten Gewohnheiten anzuwenden, und profitieren Sie sofort von den Resultaten!

4

Gute Gewohnheiten für einen leeren E-Mail Posteingangskorb

Nun da Ihr E-Mail Postfach dank der Hau-Ruck-Aktion vom letzten Kapitel schön leer und aufgeräumt ist, werde ich Ihnen ein paar Strategien vorstellen, die Ihnen gute Dienste leisten werden, um diese Ordnung auch beizubehalten.

Der Trick dabei ist, dass Sie eine *Strategie* anwenden, die Ihnen hilft, die Ordnung zu behalten. Mit einem ausgeklügelten System werden Sie immer wissen, was zu tun ist, und wie Sie mit einer bestimmten E-Mail umgehen müssen.

Das lässt sich vergleichen mit Ihren (Papier-) Unterlagen: Wenn Sie ein System haben für Ihre Ablage, dann werden Sie immer genau wissen, wo ein neuer Bankauszug eingeordnet werden muss.

Allerdings nützt uns ein System nicht viel wenn wir nicht auch danach handeln.

Die beste Ablage ist für die Katz' wenn die Dokumente nicht eingeordnet, sondern stattdessen in eine Schublade gestopft werden. Dasselbe gilt für Ihre elektronische Post: Wird sie nicht regelmässig und systematisch bearbeitet, wird Ihr E-Mail Posteingang bald wieder überquellen und Sie werden sich wieder gestresst fühlen.

Am besten legen Sie sich ein paar neue Gewohnheiten zu. Im Gegensatz zu reiner Willenskraft, die, wie der Name schon vermuten lässt („kraft“) mit der Zeit ermüdet bzw. erlahmt, halten uns Gewohnheiten „auf Kurs“.

Eine Gewohnheit ist ein Verhalten, das wir automatisch ausführen, ohne dass wir darüber nachdenken müssen. Das bedeutet auch dass wir nicht in Versuchung kommen, es uns anders zu überlegen, sondern uns ohne Anstrengung an den Plan bzw. an unser System halten.

In den folgenden Abschnitten werden Sie 7 Gewohnheiten entdecken die Ihnen dabei helfen werden, Ihren E-Mail Posteingangskorb immer schön aufgeräumt zu halten. Diese Strategien werden Ihnen eine grosse Hilfe dabei sein, Ihren E-Mail Stress dauerhaft loszuwerden.

Drucken Sie die Checkliste aus:
Damit Sie sich diese Punkte beim Arbeiten vor Augen halten können habe ich Ihnen eine Checkliste dazu erstellt. Sie können Sie hier ausdrucken: .

Und hier sind sie, **die 7 guten Gewohnheiten im Umgang mit E-Mails:**

1. Gewohnheit:
Schalten Sie die automatische E-Mail Benachrichtigung aus

Sie kennen das doch bestimmt, oder? Sie sind konzentriert bei der Arbeit, bis Sie „pling“ hören und ein kleines Kästchen auf dem Bildschirm aufleuchtet. Ihr Auge wird davon sofort angezogen; Sie lesen den Satz im Kästchen, wollen wissen wie die Nachricht weitergeht, klicken sich auf die E-Mail, lesen sie, entscheiden sich, später darauf zu reagieren, schliessen die Nachricht, kehren zurück zur Aufgabe an der Sie gearbeitet haben und versuchen, den Faden wieder aufzunehmen...

Kein idealer Arbeitsablauf, oder?

Sie haben gerade nicht nur Zeit, sondern auch Ihre Konzentration verloren (und gemäss Forschung wird es rund 25 Minuten dauern, bis sie die wieder zurück haben).

Auch dieses Verhalten ist eine Gewohnheit; und zwar eine, die wir praktisch alle haben. Allerdings ist diese Gewohnheit hinderlich.

Zum Glück können wir sie aber einfach umgehen: Wir können die E-Mail Benachrichtigungen ausschalten. Oder, noch besser, gewöhnen Sie sich an, „offline" zu arbeiten. Das bedeutet, dass keine Nachrichten in Ihren Posteingang gelangen bis zum Augenblick, in dem Sie bereit sind, Ihre E-Mails zu bearbeiten (was maximal zwei bis dreimal am Tag geschehen soll, siehe unten).

Beim „offline" Arbeiten gilt es eins nicht zu vergessen: Die E-Mails, die Sie während dieser Zeit schreiben, werden erst verschickt wenn Sie Ihr E-Mail-System wieder „online" gestellt haben. Schreiben können Sie sie jedoch problemlos. Und für die allermeisten meiner Nachrichten spielt es keine Rolle, ob ich sie jetzt oder in zwei Stunden verschicke. Das sieht bei Ihnen wahrscheinlich ähnlich aus, oder? Wie wir im Kapitel 2, *Falsche Vorstellungen die Sie behindern,* gesehen haben, ist es sogar von Vorteil, wenn wir E-Mails nicht immer augenblicklich beantworten.

Die andere Situation, die Ihnen bestimmt auch sehr bekannt vorkommt, ist die folgende: Sie sitzen beim Nachtessen / im Auto / beim Hausaufgaben beaufsichtigen / gemütlich vor dem Fernseher / und so weiter, und Ihr Mobiltelefon macht „pling". Wie lange können Sie der Versuchung widerstehen, nachzuschauen, welche Nachricht Sie bekommen haben?

Es wäre aber viel höflicher, sicherer und angenehmer, wenn Sie sich ganz auf die jeweilige Situation konzentrieren könnten, wenn Sie ganz „im Moment“ bleiben könnten. Statt aus der Situation gerissen und abgelenkt zu werden.

Die wenigsten von uns können jedoch dieses kleine Signal vergessen, wir alle haben den Drang sofort herauszufinden, welche Neuigkeit eingegangen ist. Und was passiert, wenn wir die Nachricht tatsächlich lesen? Meist ist sie banal, manchmal ärgerlich (zum Beispiel Spam); geschäftliche E-Mails hingegen verursachen uns meist Stress. Statt uns entspannen zu können werden wir wieder in den Sog unserer Aufgaben gerissen. So wird Abschalten unmöglich. Wie Karl Allmer in seinem Bonus Tipp 1 am Ende des Buches beschreibt, kann uns diese Situation sogar so krank machen, dass wir ins Krankenhaus eingeliefert werden müssen.

Auch hier gilt darum: Schalten Sie die E-Mail-Benachrichtigungen auf dem Mobiltelefon einfach aus.

2. Gewohnheit:
Andere Benachrichtigungen zum Schweigen bringen

Gehen Sie noch einen Schritt weiter: schalten Sie auch das „pling“ anderer Nachrichten aus.

SMS, Whatsapp, andere Apps... Sie alle fordern Aufmerksamkeit und unterbrechen damit unsere Konzentration oder Entspannung. Schalten Sie diese Benachrichtigungen aus! Schauen Sie ausschliesslich dann in diese Applikationen rein wenn es in Ihren Zeitplan passt. Keine Angst, Sie werden nichts Wichtiges verpassen, denn in einem Notfall wird man Ihnen wohl keine SMS schicken, sondern Sie anrufen.

Was Sie gewinnen werden ist jedoch Ruhe und Entspannung!

Auch Social Media, die wir doch meist für unser Vergnügen benützen, können zum Stressfaktor werden. Wenn wir beim Eröffnen unseres Accounts nicht ganz genau aufpassen werden wir nämlich von Meldungen dieser Programme überschwemmt! Täglich ein Überblick über die Aktivitäten jeder Gruppe bei LinkedIn, die neusten Artikel unserer Lieblingsblogger, eine E-Mail für jeden Kommentar auf Facebook und dann natürlich Dutzende von Twitter-Meldungen jeden Tag... „pling", „pling", „pling" vom Morgen bis zum Abend!

Mein Ratschlag? Machen Sie sich die Mühe und klicken Sie sich in die „Einstellungen" von Twitter, Facebook, Instagram, Xing, LinkedIn, Pinterest und so weiter, und schalten Sie alle Benachrichtigungen aus. Verpassen werden Sie trotzdem nichts, denn Sie können ja jederzeit nachsehen, was so läuft in Ihrem „Sozialnetz".

Apropos „jederzeit": hier ist meine Empfehlung dazu:

3. Gewohnheit: Bearbeiten Sie E-Mails nur zu festgelegten Zeiten

Was machen wir normalerweise mit E-Mails? Sobald eine reinkommt („pling"!) klicken wir uns sofort in unseren Posteingang und lesen sie. Dabei sehen wir im Postfach auch jedes Mal die unzähligen anderen E-Mails liegen, die wir noch nicht beantwortet haben.

Die Folge davon? Unser E-Mail Eingangskorb erweckt uns andauernd Schuldgefühle und damit Stress. Und zwar den ganzen Tag lang, bei jeder ankommenden E-Mail.

Für dieses Problem gibt es eine einfache Lösung: Schauen Sie nur noch dreimal, oder besser sogar: zweimal pro Tag in Ihren E-Mail Posteingang.

Ich habe gerade „einfache Lösung" geschrieben, aber ich bin mir bewusst, dass dies für viele Menschen sehr schwierig scheint. Wir sind uns halt nicht nur an das „immererreichbar-sein" Gefühl gewöhnt, sondern wir sind auch neugierig zu sehen, wer uns schreibt und was sie/er uns mitzuteilen hat.

Aber denken Sie einmal darüber nach: Wenn wir uns den ganzen Tag immer wieder mit unseren E-Mails beschäftigen, verbringen wir locker zwei bis drei Stunden pro Tag mit dem Lesen und Wieder-Lesen der Nachrichten. Plus, wie erwähnt, steigt unser Stress-Pegel auch noch an dabei.

E-Mails nur zu festgesetzten Zeiten lesen hat hingegen mehrere überzeugende Vorteile:

** wir sparen Zeit weil wir nicht zwischen Programmen hin- und her klicken

** wir ersparen uns Stress und Schuldgefühle

** wir können an unseren Zielen arbeiten, die wirklich wichtig sind, statt immer auf alles zu reagieren, was uns andere „in die Inbox werfen"

** wir können uns auf unsere jeweilige Aufgabe konzentrieren, statt andauernd von „pling" abgelenkt zu werden

** wir können unsere Nachrichten eine nach der anderen bearbeiten

** wir sparen noch mehr Zeit weil wir unsere E-Mails nicht mehrmals lesen (s. unten)

Damit dies auch wirklich eine Gewohnheit wird, tragen Sie sich Ihre „Lese-Zeiten" am besten in Ihren Kalender ein.

Wie lange braucht man für eine „E-Mail Sitzung?"

Je nachdem, wie viele E-Mails Sie am Tag bekommen, müssen Sie am Anfang vielleicht eine Stunde einplanen für die Bearbeitung dieser Nachrichten. Später, wenn Sie den Eingang von neuen E-Mails reduziert haben (wie im Kapitel 6, *Die E-Mail Flut dämmen*, beschrieben) werden Sie viel weniger Zeit dafür benötigen.

Wie viele „Sitzungen" benötigen Sie?

Planen Sie 2, höchstens 3 pro Tag.

Wann sollten Sie Ihre E-Mails bearbeiten?

Am besten planen Sie Ihre erste E-Mail-Sitzung für den späteren Vormittag, damit Sie in den ersten Stunden des Arbeitstags Zeit haben, sich auf wichtige Projekte und Aufgaben zu konzentrieren, und dort auch wirklich Fortschritte zu machen. Um circa 4 Uhr nachmittags können Sie dann zum zweiten Mal Ihre E-Mails beantworten. So können Sie später mit dem guten Gefühl in den Feierabend gehen, dass Sie nichts Wichtiges unbearbeitet liegen gelassen haben.

Planen Sie 3 Sitzungen am Tag, dann würde ich vielleicht Mitte Morgen, nach dem Mittag sowie eine Stunde vor Feierabend für die E-Mail-Bearbeitung reservieren.

Wie gesagt gilt es bei der Planung, Ihren Tagesablauf zu berücksichtigen.

4. Gewohnheit: Öffnen Sie Ihre E-Mails nur einmal

Haben Sie bereits leise den Kopf geschüttelt? Bestimmt fanden Sie den letzten Abschnitt („Bearbeiten Sie E-Mails nur zu festgelegten Zeiten") exotisch, wenn nicht sogar absurd. Und der Titel dieses Abschnitts ist noch schlimmer: E-Mails nur einmal lesen – wer schafft denn so was?!

„Lesen" ist dabei das Schlüsselwort. Ab sofort werden Sie E-Mails eben nicht *lesen*, sondern *bearbeiten*.

Das Grund-Konzept für diese Gewohnheit stammt von David Allen, dem Autor des Buches *Wie ich die Dinge geregelt kriege: Selbstmanagement für den Alltag*. In diesem Klassiker der Produktivitäts-Erhöhung empfiehlt Allen, dass Sie alle Aufgaben, für die Sie höchstens 2 Minuten benötigen, sofort erledigen. Alle anderen werden minutiös (und etwas kompliziert, scheint mir) in verschiedene Ordner verschoben, um dann nach dem von David Allen entwickelten System abgearbeitet zu werden.

Allens Grundsatz machen wir uns zu eigen: Wenn Sie in Ihren E-Mail Posteingang gehen, dann werden Sie eine E-Mail nach der anderen öffnen und lesen. Und zwar in der Reihenfolge, in der sie eingegangen sind – kein Rosinenpicken!! (Denn sonst bleiben die „nicht-so-wichtigen" E-Mails garantiert in der Inbox liegen.) Am besten beginnen Sie mit der ältesten Nachricht – das wird Sie motivieren, schneller vorzugehen.

Sobald Sie die E-Mail gelesen haben, entscheiden Sie: Können Sie sie sofort erledigen?

Abweichend von David Allens 2-Minuten-Regel würde ich sagen, dass es sich auch durchaus lohnt, Nachrichten zu bearbeiten, für die Sie maximal 5 Minuten brauchen. Und auch die sind nicht in Stein gemeisselt, finde ich. Der Aufwand, die Nachricht zu verschieben, später wieder zu öffnen und zu bearbeiten, scheint mir höher zu sein als die E-Mail z.B. in 6 Minuten *jetzt* zu erledigen.

Im Notfall erhöhen Sie halt den reservierten Zeitbedarf für Ihre E-Mail-Sitzungen. **Aber:** David Allens 2 respektive meine 5 Minuten dürfen *nicht* regelmässig zu 15 Minuten pro E-Mail gedehnt werden, sonst wird Ihre „E-Mail-Sitzung" zu lange.
(Zeitaufwändige E-Mails legen Sie, wie unten in Gewohnheit Nr. 7 erklärt wird, in einen Ordner zur späteren Bearbeitung.)

5. Gewohnheit: Eliminieren Sie alles was möglich ist

Bestimmt geht es Ihnen so wie mir: Irgendwie sind Sie irgendwann auf einer **Mailing-Liste** gelandet. Zum Beispiel bei Tripadvisor, wo Sie letzten Frühling nach einer Mietwohnung in Umbrien gesucht haben. Und nun erhalten Sie andauernd E-Mails mit Angeboten für Ferienwohnungen in Italien, obwohl der Urlaub schon lange vorbei ist.

Was die meisten Menschen in dieser Situation machen ist, diese E-Mails zu löschen.

Das ist natürlich nicht falsch, denn auf Nachrichten, die Sie nicht brauchen, sollten Sie möglichst wenig Zeit verwenden.

Austragen aus Verteilerlisten

Das ideale Vorgehen ist aber, dass Sie sich gleich aus dem Verteiler austragen. So stellen Sie sicher, dass Sie in Zukunft keine solchen E-Mails mehr bekommen. Und Ihr E-Mail Postfach bleibt wesentlich schlanker.

Es ist gesetzliche Vorschrift für die Absender solcher Massenmails, dass die Empfänger die Möglichkeit haben müssen, sich aus der Verteilerliste auszutragen.

Achtung: Machen Sie dies jedoch nur bei Absendern, bei denen Sie wissen, dass Sie sich selber in die Liste eingetragen haben! Bei allen anderen laufen Sie Gefahr, unangenehme Überraschungen zu erleben (siehe unten).

Das Vorgehen für das Austragen aus einer Verteilerliste ist denkbar einfach:
Scrollen Sie zum Ende der E-Mail. Dort muss es einen Link geben für „aus dem Verteiler austragen“ oder „unsubscribe“ oder so ähnlich. Klicken Sie diesen Link an. Meistens ist es damit getan, manchmal werden Sie auf eine Webseite geführt wo Sie nochmals (per Mausklick) bestätigen müssen, dass Sie auch wirklich von der Liste weg möchten.

So einfach und schnell, und doch so befreiend!

Falls das Massen-E-Mail keine Möglichkeit bietet um sich abzumelden, dann schreiben Sie dem Absender einfach eine kurze Nachricht und weisen ihn höflich darauf hin, dass dies ungesetzlich ist. Und dass er Sie bitte von der Verteilerliste nehmen soll. Das klappte bei mir bis jetzt immer.

Verschieben in Spam-Ordner

Neben den legitimen E-Mails aus Verteilerlisten gibt es natürlich auch Spam, oft „Junk E-Mail" genannt, die lästigen Werbe-E-Mails. Am besten benützen Sie einen Filter (s. Kapitel *Die E-Mail Flut dämmen*) damit Spam erst gar nicht in Ihrem E-Mail Einfangskorb landet, sondern im sogenannten „Junk E-Mail" Ordner (Seitenbemerkung: diesen Ordner sollten Sie aber auch von Zeit zu Zeit kontrollieren, denn manchmal gelangen valable Nachrichten dort hinein.)

Wenn doch mal ein „Junk E-Mail" durch den Filter geschlüpft ist, dann sollten Sie es als „Spam" markieren. So sorgen Sie dafür, dass der Absender von Ihrem E-Mail Programm gesperrt wird und Sie nicht mit weiteren Nachrichten belästigen kann. Dieser Mausklick lohnt sich also allemal.

Achtung: Tragen Sie sich bei Spam NICHT aus der Verteilerliste aus!

Damit signalisieren Sie dem Eigentümer der Liste dass Ihre E-Mail Adresse aktiv ist und Ihr Posteingang gelesen wird. Der Absender wird danach Ihre E-Mail Adresse an andere schmierige Spam-Versender verkaufen, und Sie erhalten noch mehr ungebetene Nachrichten.

Eine weitere, schlimmere Gefährdung: Sicherheitshalber klicke ich bei einem Spam niemals auf einen Link. Auch nicht auf „von der Verteilerliste austragen". Meines Wissens besteht die Gefahr, dass man sich einen Computervirus oder ähnliches einfangen kann. Wir bleiben lieber virusfrei, mein Computer und ich.

Löschen

Sie müssen nicht jede E-Mail aufbewahren, genauso wenig wie Sie jedes Telefongespräch aufnehmen und die Aufnahme archivieren. Ballast mit sich tragen bringt nichts; löschen Sie so viele E-Mails wie Sie können.

6. Gewohnheit: Prüfen Sie die „3 E-Mail Regel"

Phil Simon kam zu einiger Berühmtheit mit seiner „3 E-Mail Regel" („three-email rule"): Damit ineffizientes und langwieriges „E-Mail-Pingpong" vermieden werden kann verlangt er von seinem Gegenüber, dass nach drei E-Mails Schluss ist mit Schreiben. Dann wird gesprochen.

Interessante Idee, finde ich. Macht in vielen Situationen Sinn, denn das Schreiben von E-Mails ist nun mal aufwändiger und braucht mehr Zeit als zum Beispiel Telefonieren.

Persönlich behandle ich die Idee als Denkanstoss, aber nicht wirklich als Regel: Manchmal wende ich sie an, manchmal nicht.

7. Gewohnheit: Legen Sie Ordner an

Hier teilen sich die E-Mail Anwender in zwei Lager: Die eine Gruppe benützt keine Ordner, sondern belässt alle E-Mails im Posteingang. Die andere Gruppe hat schon eine Unmenge von Ordnern erstellt, zu der wöchentlich mindestens zwei mehr hinzugefügt werden, und hat deshalb schon lange die Übersicht verloren.

Natürlich ist beides ineffizient.

Ich gehöre zur zweiten Gruppe. Während Jahren habe ich mit Inbrunst Ordner in meinem E-Mail Programm erstellt, weil ich das Organisieren einfach liebe. Trotzdem konnte ich im Nachhinein nicht mehr nachvollziehen, welchen Namen ich welchem Ordner gegeben hatte. So musste ich am Ende doch die E-Mail-Suchfunktion in Anspruch nehmen. Gebracht hat das also herzlich wenig.

Heute plädiere ich dafür, dass wir uns ein paar wenige Ordner anlegen und für ältere E-Mails die Suchfunktion benützen.

Diese E-Mail Ordner scheinen mir unumgänglich:

*** ein Ordner für E-Mails, die ich **vorerst behalten** muss:

Darin bewahre ich zum Beispiel E-Mails auf mit Einladungen, die ich kurz vor dem Anlass nochmals überprüfen will. Oder elektronische Flugtickets.

*** ein Ordner für E-Mails, die ich **am nächsten Tag** beantworten muss:

Diese E-Mails sind wichtig und zeitkritisch, ich brauche aber mehr Zeit dafür als 5 Minuten. Was ich für jede E-Mail machen muss schreibe ich mir direkt auf meine Aufgabenliste für den nächsten Tag. So werde ich morgen diesen Ordner öffnen und alle E-Mails darin erledigen.

*** ein Ordner für E-Mails, die zu einem bestimmten **Termin** beantwortet werden müssen:

Ich trage mir diese Termine in meine Agenda ein und verschiebe die E-Mail danach in den Ordner „Termin eingetragen".

*** ein Ordner für E-Mails, die mit einer (nicht dringenden) **Handlung** verbunden sind:

Bei mir heisst der Ordner „später beantworten". Ich habe mir einen fixen Termin gesetzt in meiner Agenda, einmal die Woche, an dem ich alle E-Mails in diesem Ordner erledige.

*** ein Ordner für Nachrichten, auf denen ich **kopiert** bin:

„CC"-E-Mails verlangen nicht direkt eine Handlung von meiner Seite. Ich muss (sollte) sie aber lesen. Ein bis zweimal die Woche sollte dafür genügen, und in der Zwischenzeit werden diese E-Mails automatisch und direkt in diesen Ordner verschoben. Wie das geht, erkläre ich im nächsten Kapitel.

*** ein Ordner für E-Mails im Zusammenhang mit einem **Projekt**:

Alle Nachrichten, die ich mit Bezug auf ein (grösseres) Projekt erhalte, werden bei mir im jeweiligen Projekt-Ordner gebündelt.

Nebst diesen Ordnern habe ich auch noch weitere errichtet. Zum Beispiel einen E-Mail Ordner für Administration, in dem ich je einen Unterordner angelegt habe für Telefonrechnungen, Kreditkarten, Steuern, etc.

Auch die E-Mails von Freunden bewahre ich in einem speziellen Ordner auf. Für unsere Kinder benütze ich auch je einen Ordner für E-Mails mit Bezug auf die Schule.

Obwohl Experten wie David Allen sowie zahllose Blogger die Ansicht vertreten, dass nur eine gewisse (sehr geringe!) Anzahl von E-Mail Ordnern angelegt werden sollten, kann ich dem nicht uneingeschränkt zustimmen. Im Vergleich zu früher gebe ich mich jedoch mit ein paar wenigen ausgewählten Ordnern zufrieden.

Jeder von uns befindet sich in einer anderen Situation und muss für sich entscheiden, wie viele E-Mail Ordner sie oder er anlegen will.

Weniger ist dabei bestimmt mehr.

Wie Sie sehen steckt ein System hinter diesen sieben guten Gewohnheiten. Eine baut auf der anderen auf.

Wie im Eingang zu diesem Kapitel erwähnt, ist es hilfreich, wenn Sie sich während mindestens 30 Tagen an dieses Vorgehen halten. Dann werden sich diese Schritte nämlich als Gewohnheit etabliert haben, und Sie werden keine Willensstärke mehr brauchen, um sich ans System zu halten.

Damit Ihnen das leichter fällt habe ich eine Checkliste erstellt mit diesen 7 guten Gewohnheiten. Die können Sie sich ausdrucken und auf's Pult legen, damit Sie sich die guten Gewohnheiten angewöhnen können.
Sie finden sie hier: www.barbarabruhwiler.com/email-checklisten.

Nachdem wir damit die Grundlage gelegt haben für einen effizienten Umgang mit E-Mails werden wir nun im nächsten Kapitel sehen, wie wir in vier einfachen Schritten alle E-Mails in unserem Posteingang schnell und effizient erledigen können.

Das Resultat davon: Ihr E-Mail Postfach ist und bleibt leer und aufgeräumt, und Sie bleiben bestens organisiert und entspannt!

5

E-Mails bearbeiten mit der 4-Fragen-Methode

Und jetzt?!

Das haben Sie sich wahrscheinlich am Ende des letzten Kapitels gefragt.

Jetzt haben Sie eine Liste von prima Gewohnheiten, die für einen „gesunden“ Umgang mit E-Mails sorgen, aber die E-Mails bearbeiten müssen Sie doch noch immer? Und genau *das* ist doch das Schwierige?

Sie haben völlig recht. Bis jetzt haben Sie sich Luft verschafft und für eine gute „Umgebung“ in Sachen E-Mail Bearbeitung gesorgt. Jetzt ist es Zeit, dass wir uns anschauen, wie Sie Ihre E-Mails am schnellsten und effizientesten erledigen.

Hinter den guten Gewohnheiten im Umgang mit E-Mails, die wir uns im vorigen Kapitel angeschaut haben, steckt eine Methode.

Das System baut auf einem Schritt nach dem anderen auf.

Zuerst sorgen Sie für

optimale Voraussetzungen:

-- die automatische E-Mail Benachrichtigung ist ausgeschaltet;

-- andere Benachrichtigungen sind ebenfalls zum Schweigen gebracht;

-- Sie haben die wichtigsten Ordner für eine effiziente E-Mail Ablage erstellt.

Wenn die Zeit für Ihre „E-Mail Sitzung“ kommt, machen Sie sich ans

E-Mail lesen.

Um Stress zu vermeiden machen Sie das nur während Ihren „offiziellen“, zum vornherein festgelegten E-Mail Lesezeiten.

Sie bearbeiten eine Nachricht nach der anderen in der Reihenfolge, in der sie eingegangen sind. Kein Rosinenpicken.

Sofort nachdem Sie eine E-Mail gelesen haben, treffen Sie eine

Entscheidung, was damit zu tun ist.

Zum richtigen Entschluss, was Sie mit dieser E-Mail machen müssen, kommen Sie mit Hilfe meiner

4-Fragen-Methode:

1. Frage: Eliminieren?

Soviel als möglich:
Alles was unerwünscht ist oder keine für mich relevanten

Informationen beinhaltet. Kurz: alles, was ich nicht benötige und auch in Zukunft nicht mehr erhalten möchte.

Machen:

- als Spam markieren;

- sich von der Verteilerliste austragen;

- löschen.

2. Frage: Archivieren?

Alles, was Sie in **5 Minuten oder weniger lesen** können und Sie später zur Information brauchen werden.

Machen:

- lesen;

- in den betreffenden Archiv-Ordner verschieben.

3. Frage: Erledigen?

Alles, was Sie in **5 Minuten oder weniger erledigen** können, sollten Sie jetzt tun.

Machen:

- Aufgabe erledigen;

- E-Mail beantworten (5 Sätze oder weniger).

Danach:

- E-Mail löschen; oder

- in Ordner verschieben, z.B. „warte auf Antwort" oder einen Ihrer Archiv-Ordner.

4. Frage: Zur späteren Erledigung?

Alles, was **länger als 5 Minuten** in Anspruch nimmt, sollten Sie nicht jetzt, sondern während Ihrer „E-Mail-Sitzung", bearbeiten. Besser ist es, eine spätere Bearbeitung zu planen.

Machen:

- Aufgabe auf Aufgabenliste / To-Do-Liste setzen;
- in Agenda eintragen, wann sie erledigt wird.
- E-Mail verschieben in Ordner:
    + Ordner „morgen bearbeiten"
    + Ordner „Termin eingetragen"
    + Ordner „später beantworten"
    + Ordner „vorerst behalten"

Die eben beschriebenen 4 Fragen finden Sie auch auf der Checkliste *In 7 Schritten zum geordneten E-Mail Eingangskorb*, die Sie von der Webseite, die dieses Buch begleitet, herunterladen können: www.barbarabruhwiler.com/email-checklisten. Am besten drucken Sie die Liste gleich aus und legen sie neben Ihre Tastatur, um immer wieder ein Auge darauf werden zu können.

Mit diesen 4 Fragen sind Sie in der Lage, zügig Ihren Posteingang durchzugehen und alle E-Mails zu bearbeiten.

Je weniger E-Mails in Ihrer Inbox sitzen, desto schneller ist das natürlich erledigt.

Deshalb werden wir uns im nächsten Kapitel ein paar Mittel anschauen wie wir verhindern können, dass gewisse E-Mails überhaupt erst in unserem Postfach landen.

6

Die E-Mail Flut dämmen

Was sagte Muttern früher, wenn wir als Kinder von der Schule heimkamen? „Schuhe ausziehen!"

Und warum? Weil es wesentlich einfacher ist, den Schmutz von schlammigen Gummistiefeln im Haus zu vermeiden, als ihn später vom Teppichboden zu putzen. Oder?

Dasselbe Prinzip gilt für Ihr E-Mail Postfach:

Je weniger reinkommt, desto weniger Zeit müssen Sie dafür aufwenden, jede einzelne E-Mail zu öffnen, lesen, entscheiden was damit zu tun ist, und dann erledigen.

Zwei Möglichkeiten, wie eingehende E-Mails verhindert werden können, haben wir bereits besprochen:

- **E-Mails als „Junk" kennzeichnen, sowie**

- **sich von E-Mail Verteilerlisten austragen.**

Hier möchte ich Ihnen noch eine dritte Möglichkeit vorstellen:

E-Mail Filter.

Was sind Filter, und sind sie für Sie nützlich?

Mit einem Filter setzen Sie eine Regel fest, wie eine bestimmte Nachricht von Ihrem E-Mail Programm „behandelt" wird.

In vielen Fällen verkomplizieren Filter-Regelungen den Umgang mit E-Mails eher, als dass sie hilfreich sind. Ich zum Beispiel benütze keine Filter, ausser dem „Spam" bzw. „Junk"-Filter.

Freunde von mir hingegen, die in einem grossen Team arbeiten, bekommen pro Tag mehr als hundert interne und externe E-Mails. Für sie sind Filter eine sehr nützliche und effiziente Möglichkeit, um E-Mails gleich „an der Wurzel" zu sortieren und kategorisieren, und somit den Posteingangskorb nicht zu überlasten.

Ein paar Anwendungsbeispiele von Filtern

Bei Microsoft Outlook, dem E-Mail Programm für Computer und Mac, ist zum Beispiel automatisch ein „Spam"-Filter eingeschaltet. Mit diesem Filter werden unerwünschte Werbe-E-Mails automatisch in den „Junk E-Mail" Ordner umgeleitet.

Abgesehen davon lassen sich mit Filtern ein paar praktische Resultate erreichen. Sie können insbesondere bestimmen, welche E-Mails Sie immer als wichtig/dringend betrachten, und welche Sie als wenig bedeutsam behandeln möchten. Ausserdem können Sie Nachrichten direkt weiterleiten, kennzeichnen, und vieles mehr.

Am häufigsten werden E-Mail Filter dazu benützt, um bestimmte E-Mails direkt in einem bestimmten Ordner abzulegen.

Zum Beispiel können alle E-Mails, in denen Sie unter „CC" erwähnt sind, die Sie also nur als Kopie bekommen, direkt in einen „CC Ordner" verschoben werden. Diese E-Mails erscheinen dann nicht in Ihrem Postfach. In einer ruhigen Minute können Sie diesen Ordner öffnen und die darin enthaltenen E-Mails sichten.

E-Mails von Ihrem Chef hingegen können Sie in einen anderen Ordner filtern lassen. Den können Sie während Ihrer nächsten „E-Mail Sitzung“ als ersten öffnen und bearbeiten.

Was kann gefiltert werden?

Grundsätzlich können Sie Regeln setzen für verschiedene Teile einer E-Mail:

** Datum der E-Mail

** „Von“ Adresse

** „An“ Adresse

** „CC“ Adresse

** bestimme Wörter im E-Mail Text

** Namen von Anlagen (z.B. einem grossen Projekt)

und so weiter.

Wie soll ich Filter verwenden?

Ich empfehle Ihnen einen „Spam“-Filter zu benützen. Wie bereits erwähnt ist er zum Beispiel bei Microsoft Outlook eingebaut. Standardmässig ist der Filter auf „tief“ eingestellt.

Sie können diesen Schutz erhöhen, sprich mehr E-Mails direkt in den „Junk-E-Mail“ Ordner umleiten.

Tipp: Schauen Sie von Zeit zu Zeit nach, ob nicht valable Nachrichten ebenfalls in diesem Ordner gelandet sind.

Wenn das öfters passiert können Sie, auf Wunsch, den „Spam“-Filter auch ausschalten. Empfehlen würde ich Ihnen das aber nicht.

Für andere, speziell auf Ihre Situation zugeschnittene Filter halten Sie am besten die Augen offen wenn Sie E-Mails bekommen: Sobald Sie ein Muster entdecken, können Sie einen Filter setzen um sich die Bearbeitung dieser E-Mails in Zukunft zu vereinfachen.

Wie bereits erwähnt benützen die allermeisten Menschen keine Filter für Ihren E-Mail Eingang. Deshalb möchte ich dieses Thema nicht im Detail behandeln.

Wie Sie jedoch sehen, bieten Filter eine sehr praktische und wertvolle Funktion, um E-Mails direkt zu sortieren und zu kennzeichnen. Prüfen Sie, ob das nützlich für Sie ist.

Sie können sich weitere Information für die Anwendung von Filtern, die Sie interessieren, leicht im Internet beschaffen, indem Sie „Dr. Google“ fragen und/oder bei YouTube reinschauen.

7

Altlasten loswerden

Ist es nicht beruhigend und entspannend zu wissen, dass Ihr E-Mail Postfach nun täglich leer wird und Sie nie mehr den Stress und Zwang spüren, Dutzende wenn nicht Hunderte von E-Mails auf einen Streich erledigen zu müssen?

Etwas nagt aber wahrscheinlich an Ihrem Gewissen: Waren da nicht noch die Nachrichten, die sich *früher* in Ihrer Inbox befanden? Die Sie, wie im Kapitel *Bündeln und Leeren* angeraten, einfach ohne langes Federlesen in einem Ordner parkiert haben?

Es wird Zeit, dass Sie sich diesen E-Mails zuwenden. Wie bereits erwähnt ist das Löschen von ungelesenen oder zumindest unbearbeiteten E-Mails keine Lösung auf lange Frist.

Deshalb dürfen wir uns nicht einfach auf unseren Lorbeeren ausruhen, sondern müssen aktiv werden und unsere alten, ungelesenen (und höchstwahrscheinlich ungeliebten) E-Mails erledigen.

So werden Sie auch Ihre E-Mail „Altlasten“ los:

Termin reservieren:

Reservieren Sie täglich 10 bis 30 Minuten für die Bearbeitung dieser E-Mails. Damit Sie sich auch wirklich dafür Zeit nehmen ist es am besten, wenn Sie sich dafür einen Termin reservieren in Ihrer Agenda.

Lesen und bearbeiten:

Bearbeiten Sie diese E-Mails in ihrer Reihenfolge – aber entscheiden Sie in welcher:

Beginnen Sie unten, d.h. mit den **ältesten E-Mails**, so sind Sie sich bewusst, dass die Sender auf Ihre Antwort warten. Damit müssen Sie sich ein wenig beeilen mit der Bearbeitung. Was meiner Meinung nach gut ist, dann bringen Sie's hinter sich.

Die Neugier, zu erfahren, was in den neueren E-Mails steht, wird Sie auch zu einer schnellen Bearbeitung motivieren.

Ausserdem sind wir von vornherein eher bereit, ältere E-Mails ohne langes Trara zu löschen. Wir haben ja schon erfahren, dass wir ohne diese Information leben können. Ich empfehle also dieses Vorgehen.

Beginnen Sie jedoch oben, mit der **neusten E-Mail**, dann besteht die Gefahr, dass Sie die Absender der älteren E-Mails verärgern, weil !hre Antwort erst spät eintreffen wird. Sie müssen entscheiden was in Ihrer Situation besser ist.

In jedem Fall rate ich Ihnen jedoch an, die E-Mails wie erwähnt eine nach der anderen zu bearbeiten. Kein Rosinenpicken, sonst wird bestimmt ein zäher Rest von „mühsamen“ E-Mails zurückbleiben.

Öffnen und lesen Sie jede E-Mail nur genau einmal. Hier gilt die 5-Minuten-Regel nicht, es gibt kein Verschieben auf später.

Eliminieren:

Löschen Sie so viele E-Mails wie nur irgendwie möglich. Schauen Sie sich das Datum an: viele dieser Nachrichten sind schlicht und einfach alt und deshalb ein bisschen „Schnee von gestern“:

Hat der Absender mittlerweile nicht nachgehakt? Scheint nicht wichtig zu sein.

Haben Sie diese Information in den letzten Wochen bzw. Monaten nicht vermisst? Dann brauchen Sie sie wahrscheinlich auch in Zukunft nicht, ein Ablegen erübrigt sich also.

Ist diese E-Mail unerwünscht? Weg damit. Hier brauchen Sie sich nicht aus Verteilerlisten auszutragen, das können Sie im aktuell eingehenden E-Mail Verkehr erledigen.

Und so weiter.

Seien Sie ruhig sehr grosszügig beim Bedienen der Löschtaste! Das ist befriedigend. Ausserdem wird Ihnen vor Augen geführt, wie viele der täglich eingehenden E-Mails tatsächlich ohne grossen Nutzen sind. Es ist daher auch eine gute Übung dafür, im aktuellen Posteingang ohne Sorge so viele E-Mails als möglich zu eliminieren.

Ins Archiv:

Archivieren Sie die Informationen, die Sie in Zukunft benötigen werden, in Ihren E-Mail Ordnern.

Antworten:

Beantworten Sie was beantwortet werden muss. Wenn möglich kurz und knackig: 5 Sätze oder weniger.

Bearbeiten:

Wenn Sie aufgrund einer E-Mail etwas tun müssen, dann planen Sie das mittels Agenda, setzen es auf Ihre Aufgabenliste und verschieben die E-Mail in den dafür vorgesehenen Ordner.

Wenn Sie jeden Tag ein bisschen von diesem E-Mail-Berg abtragen dann löst er sich bald in Luft auf und Sie haben den Krieg gegen Ihre volle E-Mail Inbox gewonnen!

Der Trick dabei ist, dass Sie grosszügig sind mit dem Löschen und sich somit zügig durch die E-Mails pflügen.

Und im nächsten Kapitel lernen Sie noch, wie Sie beim E-Mail-Schreiben schon dafür sorgen können, dass Ihr Posteingangskorb nie mehr überfüllt sein wird.

8

E-Mails schreiben um E-Mails zu vermeiden

Würden Sie Zeit sparen wenn Sie nur noch kurze E-Mails lesen müssten? Keine langen E-Mails mehr schreiben? Bei jeder E-Mail auf den ersten Blick erkennen, worum es geht? Keine Nachrichten mehr bekommen, die Sie nicht die Bohne interessieren?

Ich kann Ihnen nicht versprechen, dass Sie die (E-Mail-) Welt sofort ändern können. Ich kann Sie nur daran erinnern, dass es so aus dem Wald hallt wie man hineinruft. Sprich: Wenn Sie sich einen effizienten E-Mail Schreibstil angewöhnen, dann ist die Chance gross, dass Ihr Gegenüber ebenfalls so antwortet.

(Die folgenden Tipps können Sie natürlich als Liste herunterladen und ausdrucken: gehen Sie einfach zu www.barbarabruhwiler.com/email-checklisten.)

Hier sind 12 Tipps für effizientes E-Mail-Schreiben:

Tipp 1: Welches Kommunikationsmittel?

Studien haben ergeben, dass E-Mail Nachrichten oft missverstanden werden. Ausserdem sind die meisten von uns viel langsamer beim Tippen als beim Sprechen.

Deshalb die Frage: Ist E-Mail das beste Kommunikationsmittel für das, was Sie gerade erledigen müssen?

Um ein Meeting zu vereinbaren, können Sie z.B. eine Kalender-Terminanfrage senden. Und dann ist da natürlich noch das gute alte Telefon... und das modernere, aber nicht minder nützliche – und kostenlose - Skype.

Tipp 2: Verteilerliste / Kontaktgruppe

Senden Sie regelmässig E-Mails an dieselbe Adressatengruppe, zum Beispiel an Ihr Team bei der Arbeit, den Turnverein oder die Elterngruppe? Anstatt mühselig jede E-Mail Adresse in die Adressatenzeile einzufügen, erstellen Sie für diese Fälle eine Verteilerliste, auch Kontaktgruppe genannt. Mit nur einem Mausklick werden Sie damit zuverlässig alle Adressaten erreichen.

Wie das für die neuste Outlook-Version funktioniert, wird hier erklärt:
https://support.office.com/de-at/article/Erstellen-und-Bearbeiten-einer-Kontaktgruppe-vormals-Verteilerlisten-88ff6c60-0a1d-4b54-8c9d-9e1a71bc3023 .

Es gibt jedoch verschiedene Versionen von Outlook, und vielleicht benützen Sie eine ganz andere E-Mail Oberfläche bzw. ein anderes E-Mail Programm. In diesem Fall empfehle ich Ihnen „Verteilerliste erstellen (Name Ihrer E-Mail Oberfläche)“ zu googeln.

Tipp 3: Sorgfältige Wahl der Adressaten

Leider eine regelrechte Seuche in vielen Firmen und Organisationen: Jede und jeder bekommt eine Kopie von

praktisch jeder E-Mail. Das hat Sie bestimmt auch schon geärgert, oder?
Gehen Sie doch mit dem guten Beispiel voran und zeigen Sie den anderen, wie es gemacht werden muss: Überlegen Sie sich genau, wen Ihre E-Mail interessiert, und schicken Sie sie ausschliesslich an diese Empfänger.

Wenn Sie eine E-Mail zur Kopie an jemanden schicken so ist es auch äusserst hilfreich, unter Ihrem Gruss kurz zu erklären, weshalb Sie den „CC"-Adressaten beigefügt haben. Zum Beispiel so:
- Herr Huber zur Ablage
- Frau Gantner: bitte weiterleiten in Ihrer Abteilung

Mittels Blindkopien („BCC") Ihrer E-Mails können Sie Ihrem Chef zeigen, wieviel Sie arbeiten... Bloss nicht! Er wird alles andere als erbaut sein, wenn Sie seinen Eingangskorb zumüllen.
Blindkopien können wir eigentlich nur benützen für Massenmails, in denen wir die einzelnen E-Mail Adressen nicht blosslegen möchten.

Die Dankbarkeit Ihrer Kollegen ist Ihnen gewiss!

Tipp 4: Präzise Betreff-Zeile

Sie kennen das sicher: Sie suchen eine bestimmte Information aus einer Nachricht und müssen sich durch Dutzende von „kurze Frage" genannten E-Mails wühlen, bis Sie endlich finden, was Sie brauchen... Hätten Sie doch nur in der Betreffzeile geschrieben, worum es im E-Mail Inhalt geht!

Vor allem bei andauerndem E-Mail Austausch mit demselben Gegenüber lohnt es sich fraglos, wenn Sie nicht nur auf die „Antwort"-Taste klicken, sondern auch noch schnell die Betreffzeile umformulieren. Und zwar bei jeder E-Mail, die Sie schreiben.

Was gibt mehr Aufschluss über die Nachricht:

„Bis morgen Mittag: Antwort Frage 5“ oder „Offener Punkt“?

Vermeiden Sie:

„Hallo“; „Frage“; „Wichtig“; „Wollte nur mal schnell fragen“; „Hast Du das gesehen?“; oder, im schlimmsten Fall, keine Betreffzeile.

Schreiben Sie dafür:

„Frage bez. nächstem Team Meeting“; „Sarah um 5 Uhr abholen“; „Gute Beispiele für Fall Meier“; „Brauche Deine Unterschrift auf Hubers Vertrag“; „Sitzungsprotokoll GeriAkt vom 7. Juni 2005 im Anhang“; „Sandra Engel – Ferientage – zur Info“; „Jan heute krank“; und so weiter.

Nützlich ist auch, wenn Sie am Ende des Betreffs kurz erwähnen was Sie vom Adressaten verlangen.

Zum Beispiel:

„...– zur Information“;

„...– bitte nachhaken“;

„... – zur Ablage“;

„... – dringend“;

„... – keine Antwort nötig“;

und so weiter.

Im englischsprachigen Raum gibt es ein paar Abkürzungen, die in so einem Fall benützt werden. Z.B.

„EOM“ = end of message = „das ist alles“;

„ASAP“ = as soon as possible = „so schnell als möglich“;

„RMNDR“ = reminder = „zur Erinnerung“;

„RE“ = regarding = „in Bezug auf“;

„IMPT“ = important = „wichtig“.

„FYI“ = for your information = „zur Information“;

Dies nur FYI. Falls Sie international arbeiten – oder jemand Sie beeindrucken will.

Für ganz schnelle und kurze Anfragen können Sie auch ausschliesslich die Betreffzeile benützen, z.B. „Heute um 18 Uhr am Bahnhofeck?“. In einer E-Mail an einen guten Freund genügt das.

Tipp 5: Anrede?

Höflich mittels Anrede zu grüssen ist klar, vor allem im formellen E-Mail Austausch. Sind Sie jedoch mitten in einem freundlichen E-Mail-Pingpong, dann ist es durchaus legitim, wenn nicht sogar angebracht, die Anrede wegzulassen. „Bestens, Brigitte, ich stimme zu“, ist kurz, knackig und höflich.

Tipp 6: Fünf Sätze

„Geiz ist geil“ – erinnern Sie sich noch? Das gilt auch für E-Mails: geizen Sie mit Sätzen und Wörtern! Damit sparen nicht nur Sie Zeit, sondern auch Ihr Gegenüber, der sicher gar nichts dagegen hat, wenn Sie ihm nicht einen Roman schreiben.

Unter Minimalisten-Bloggern wird die Fahne hochgehalten für die „fünf-Sätze-Regel“. Mit fünf Sätzen lässt sich allerdings erstaunlich viel aussagen – probieren Sie’s mal.

Ich persönlich muss mich regelmässig dazu zwingen, die „Artigkeiten“ wegzulassen. Eine E-Mail ohne eine Frage nach dem Befinden oder einer kurzen persönlichen Bemerkung scheint mir meistens irgendwie „nackt“... Doch vielleicht hat das auch damit zu tun, dass ich eine Frau bin. Männer scheinen oft schneller und einfacher auf den Punkt zu kommen.

Was ich mir also vornahm ist: Ich mache mir einen Sport daraus, in jeder E-Mail höchstens 5 Sätze zu schreiben. Daran kann man sich gewöhnen!

Ein Tipp im Tipp: Manchmal fühlt man sich halt doch schlecht wenn man eine kurze Antwortmail auf eine langatmige E-Mail schreibt... Kosio Angelov erwähnt in seinem Buch *The Lean Email Simple System* dass er manchmal einen kleinen Satz unter seine Signatur setzt: „von meinem iPhone gesendet“. Jeder weiss, dass man auf einem Mobiltelefon keinen Roman schreiben kann, und hat darum Verständnis für die kurze E-Mail.
Ich sehe den Nutzen dieses Tricks, habe ihn aber noch nie angewendet.

Tipp 7: Antworten direkt in der E-Mail

Oft bekommen wir E-Mails mit mehreren Fragen und Bemerkungen, die irgendwo im Text „versteckt“ sind. Beim Antworten müssen wir jeweils kurz die Frage wiederholen, damit unser Gegenüber sich darüber im Klaren ist, worauf sich unsere Antwort bezieht... Umständlich, oder?

Die einfachere und elegantere Lösung ist, Antworten direkt in die (ursprüngliche) E-Mail einzufügen.

Dafür gehen Sie an die Stelle in der E-Mail wo sich die Frage befindet. Drücken Sie die „Zeilenumbruch / Enter“ Taste. Auf der neuen Zeile schreiben Sie Ihre Antwort. Und zwar in einer anderen Farbe und/oder in Fettschrift.

Der Empfänger Ihrer E-Mail wird auf einen Blick sehen können, wie Sie auf welche seiner Fragen geantwortet haben. Das ist nicht nur für Sie, sondern auch für ihn viel einfacher und bequemer.

Dieses Vorgehen funktioniert natürlich nicht nur bei Fragen, sondern auch bei Bemerkungen, auf die wir eingehen wollen.

Tipp 8: Zeilenumbruch, Nummerierung, Fettschrift...

Das ist mein Ding! Wie Ihnen wahrscheinlich schon aufgefallen ist bin ich ein ziemlicher Fan von organisierten Texten.

Nummerierungen, Überschriften, Wörter in Fettschrift – da bin ich so richtig in meinem Element.

In einer E-Mail ist die Organisation eines Textes extrem wichtig, finde ich. Da wir alle tagtäglich mit unglaublich viel Information bombardiert werden, haben wir uns angewöhnt, Texte zu überfliegen. Eine gut strukturierte E-Mail, in der eventuell auch Wörter mittels Fettschrift herausgehoben werden, wird den Adressaten zum Lesen animieren. Eine Nachricht hingegen, bei der jedes Wort am anderen „klebt" und die somit aus einem einzigen langen Absatz besteht, wird ihm erst mal ein frustriertes Stöhnen entlocken.

Ich empfehle Ihnen deshalb, Ihre E-Mail-Nachrichten gut zu strukturieren. Und ja, das ist auch dann wichtig, wenn Sie nur fünf Sätze schreiben.

Nur am Rande: BITTE KEINE WÖRTER IN GROSSBUCHSTABEN. Das ist ANSCHREIEN. Schlechter Stil.

Tipp 9: Geschlossene Fragen

Bestimmt haben Sie schon gehört, was eine offene Frage ist: eine, die unter anderem „wer, wie, wo, wann oder was" enthält. Diese Art Frage ist zum Beispiel bei Journalisten sehr beliebt, weil damit der Interviewpartner bzw. die -partnerin zwangsläufig ins Erzählen kommt.

Das E-Mail Pendant dazu gibt es auch: Stellen Sie offene Fragen, und bekommen Sie im schlimmsten Fall richtige schriftliche Ergüsse als Antwort!

Im nicht-ganz-so-schlimmen Fall kann die Antwort-E-Mail immer noch länger sein als nötig. Ihre Frage „Wann sollen wir uns treffen?" wird zum Beispiel eine viel längere Antwort erfordern als „Geht es Ihnen morgen um 11 Uhr?" Dasselbe gilt für „Was denken Sie?"; besser ist: „Sind Sie für Punkt 1 oder 2?"

Wenn Sie, so wie ich, nicht so scharf auf seitenlange E-Mails sind, dann empfehle ich Ihnen, sogenannte geschlossene Fragen zu stellen. Also solche, auf die man mit „ja" oder „nein" antworten kann. Oder mit „morgen", oder „der 2. Vorschlag", oder so ähnlich.

Tipp 10: Maximal 3 Fragen

Das törnt ab: Sie erhalten eine lange E-Mail, die eine einzige Liste von Fragen ist. Bis Sie bei jeder erklärt haben, wie der Nippel durch die Lasche gezogen werden muss, ist eine halbe Woche um... Macht keine Freude, so eine E-Mail zu bekommen, gell?

Deshalb würde ich auch keine langen Fragenlisten verschicken. Wenn Ihnen so viel nicht klar ist, dann wäre ein (Telefon-) Gespräch doch wohl effizienter, oder etwa nicht?

So über den Daumen gepeilt würde ich sagen dass es fair ist, pro E-Mail etwa drei Fragen zu stellen. Die kann man noch so einigermassen zügig beantworten. Für alles andere gibt es bessere Kommunikationsmittel.

PS: Dasselbe dürfen Sie in Anspruch nehmen, wenn Sie eine Fragenliste bekommen. Kontern Sie mit dem Angebot für einen Gesprächstermin.

Tipp 11: Signatur

Im Geschäftsleben hat es jeder, aber auch für Ihr privates E-Mail ist es praktisch: eine Signatur. Zum Beispiel:

„Freundliche Grüsse

Claudia Sommer"

wird Ihnen die Zeit ersparen, diesen Abschluss bei jeder E-Mail aufs Neue zu tippen.

Bei ihren beruflichen E-Mails erwähnen die meisten Leute auch ihre Telefonnummer, E-Mail und allenfalls Büroadresse in der Signatur. In privaten Korrespondenzen würde ich das eher nicht machen.

Vor allem wenn Sie Freiberufler sind, können Sie Ihre Signatur natürlich auch dazu benützen, Ihre Dienste oder Ihr Produkt kurz zu erwähnen. Ich mache das zum Beispiel mit meinen Büchern.

Tipp 12: Aussagekräftige Attachments

„Beilage 1", „Beilage 4" – wer weiss schon was das sein soll? Wie viel Wichtigkeit würden Sie so einem Dokument beimessen? In juristischen Fällen bekommt man immer viele Anlagen. Ich fand es immer extrem mühsam, eine Stellungnahme abzugeben, wenn ich mich andauernd durch die 12 Anlagen kämpfen muss, um wieder herauszufinden, in welcher die Information steckt, die ich gerade benötige.

Helfen Sie Ihrem Gegenüber und geben Sie Ihren Attachments einen vernünftigen Namen. Einen der klar aussagt worum es sich bei dieser Anlage handelt.

Was auch praktisch ist: Vermeiden Sie, grosse Datenmengen im Attachment zu versenden. In so einem Fall können Sie die Dokumente bei Dropbox (www.dropbox.com) oder ähnlichen Anbietern deponieren und den entsprechenden Ordner Ihrem Gegenüber zugänglich machen.

Am Eingang des Kapitels habe ich schon erwähnt, dass Sie auch die Liste dieser Tipps in einer Checkliste finden auf meiner Webseite finden: www.barbarabruhwiler.com/email-checklisten

Wie Sie sehen, sorgen diese 12 Tipps und Tricks nicht nur dafür, dass Sie Zeit sparen. Sie helfen auch dabei, die E-Mail-Kommunikation einfacher, effizienter und aussagekräftiger zu machen.

Die Adressaten Ihrer Nachricht werden Ihnen dankbar sein!

9

Tricks um Zeit zu sparen

Viele gescheite Menschen haben sich schon mit E-Mails und deren Bearbeitung herumschlagen müssen. Dementsprechend gibt es im Internet und anderswo jede Menge Tipps, wie man Zeit sparen kann bei der E-Mail Bearbeitung. Ich habe mich für Sie umgehört bzw. –gelesen und die besten ausgesucht.

Viele dieser Tipps und Tricks sind dann anwendbar, wenn wir öfters eine bestimmte Arbeit ausführen. Alle davon werden Sie wohl nicht in Ihrem persönlichen Alltag gebrauchen können. Aber schauen Sie sie sich einmal an – mit der Anwendung eines oder mehrerer dieser Tricks können Sie ganz schön Zeit sparen!

Hier sind die besten dieser „Zeitspar-Tricks“:

Zeitspar-Trick Nr. 1:
E-Mail-Nachrichtenvorlagen

Als unsere Kinder kleiner waren wurden sie sehr oft zu Kinder-Geburtstagspartys eingeladen. Fürs Antworten auf die Einladung wurde immer eine Telefonnummer angegeben. Der höfliche Gast schickt dann eine SMS mit „danke, ja gern“ oder „nein danke“, oder? Damals waren Touch-Screens noch nicht an der Tagesordnung und das Tippen mit diesen Tasten-Winzlingen auf dem Mobiltelefon war ehrlich gesagt ein bisschen mühsam.

Daher habe ich mir damals zwei Muster-SMS gespeichert: Eine mit der Kernnachricht „Danke für die Einladung, wir kommen sehr gerne. Was können wir dem Geburtstagskind schenken?“ und eine andere, die in etwa so lautete: „Danke für die Einladung, leider können wir nicht kommen.“

Das war extrem praktisch und ersparte mir die Zeit, diese kurzen, aber doch ein bisschen mühseligen Nachrichten jedes Mal von neuem zu tippen.

Das gleiche Prinzip lässt sich auch auf E-Mails übertragen.

Obwohl das Tippen hier wesentlich einfacher und angenehmer ist (zumindest für diejenigen von uns, die das 10-Finger-System beherrschen – siehe unten) kostet das Schreiben der immer gleichen E-Mail doch Zeit.

Überlegen Sie kurz: Schreiben Sie in Ihrem Alltag immer mal wieder die (praktisch) gleichlautende E-Mail?

Wenn ja, was schreiben Sie immer und immer wieder?

Für diese E-Mail(s) wird es sich lohnen, wenn Sie eine E-Mail-Nachrichtenvorlage erstellen.

Im ersten Moment wird Ihnen vielleicht durch den Kopf gehen, dass Nachrichtenvorlagen eine unpersönliche und roboterhafte Art sind, um mit anderen Menschen zu verkehren. Doch denken Sie an mein Beispiel von oben: Die Antwort auf eine Geburtstagseinladung *ist* nun mal so ziemlich die gleiche, egal für wen. Natürlich habe ich am Anfang der Nachricht „Hallo Alice“ geschrieben und damit die SMS auf den jeweiligen Empfänger zugeschnitten.

Das gleiche lässt sich mit E-Mails machen: die Anrede, eventuell ein zusätzlicher individueller Satz und voilà: Ihre E-Mail ist warmherzig und persönlich.

Nur haben Sie mit der Muster-E-Mail – sagen wir mal – 2 Minuten gewonnen. Tun Sie das 10 Mal pro Woche und Sie gewinnen 20 Minuten in der Woche. Das macht im Jahr eine Zeitersparnis von ca. 16 Stunden. Nicht schlecht, oder?

Eine E-Mail-Nachrichtenvorlage lohnt sich zum Beispiel für die folgenden wiederkehrenden Nachrichten:

- Einladungen zu Team-Sitzungen

- Dokumente versenden („In der Anlage finden Sie...“)

- Einladungen ablehnen

- Empfangsbestätigungen („Danke für Ihre Nachricht. Ich werde die Unterlagen studieren und Sie so bald als möglich kontaktieren.“)

Wenn Sie viel von internen oder externen Kunden kontaktiert werden, lohnt sich vielleicht auch eine Muster-Nachricht für jede Frage, die immer und immer wieder gestellt wird.

In ein paar einfachen Schritten erstellen Sie sich eine Muster-Nachricht:

*** Welche Nachricht? *

Zuerst müssen Sie identifizieren, welche E-Mails Sie öfters verschicken für die jeweils selbe Frage/Aufgabe.

*** Text für Vorlage *

Aus dem Text der letzten drei dieser E-Mails können Sie sich den Text für die Vorlage zusammenstellen. Seien Sie hier ruhig relativ ausführlich – Sie müssen diese Nachricht ja nicht jedes Mal tippen, und Sie möchten in jedem Fall verstanden werden!

*** Vorlage bereitstellen *

Die Vorlage können Sie sich selber zuschicken. Schreiben Sie in der Betreffzeile den Namen für die Musternachricht und legen Sie sie in einem Ordner „Nachrichtenvorlagen" ab.

*** E-Mail mit Nachrichtenvorlage verschicken *

Sobald Sie das Muster brauchen, leiten Sie die jeweilige E-Mail an den Empfänger weiter. So müssen Sie nur folgendes machen:

- den Adressaten auswählen

- die Betreffzeile ändern

- den obersten Teil der Nachricht löschen (wo der vorherige Versand aufgelistet ist)

- die Anrede ändern

- (bei Bedarf) den Nachrichtentext für den Empfänger persönlicher gestalten

Im Outlook Programm gibt es sogar die Möglichkeit, Nachrichtenvorlagen professionell zu erstellen. Funktioniert leider nur für Computer, *nicht aber* für Mac/Apple Geräte.

Hier ist die Anleitung:

Outlook für Computer / Microsoft Geräte: Nachrichtenvorlage erstellen

a) eine neue Nachricht öffnen

b) die Nachrichtenvorlage schreiben

c) auf „Datei" klicken

d) klicken auf: „speichern unter"

e) im Dialogfeld wählen: „Dateityp", „Outlook-Vorlage"

f) unter „Dateinamen" den Namen für Ihre Nachrichtenvorlage eintippen, dann auf „Speichern" klicken

Outlook für Computer / Microsoft Geräte: Nachrichtenvorlage versenden

a) Registerkarte „Start“: klicken Sie in der Gruppe „Neu“ auf „Neue Elemente“; dann „Weitere Elemente“, und schliesslich „Formular auswählen“

b) im Dialogfeld „Suchen in“ wählen, dann klicken auf „Vorlagen im Dateisystem“

c) der Standardordner für Vorlagen wird geöffnet. Sollte Ihre Vorlage in einem anderen Ordner gespeichert sein, klicken Sie „Durchsuchen“, und wählen dann Ihre Vorlage aus.

d) Vorlage auswählen, dann „Öffnen“ klicken

Nun können Sie in der Nachrichtenvorlage die Adressaten auswählen, allenfalls den Betreff anpassen, und den Nachrichtentext für den Adressaten persönlich gestalten.

Tipp: Es gibt verschiedene Outlook-Versionen. Hier ist das Vorgehen für die gängigste Version beschrieben. Falls es bei Ihnen nicht funktioniert, empfehle ich Ihnen eine Google-Suche.

Zeitspar-Trick Nr. 2: Oft versandte Dokumente

Es kann sein, dass Sie bei Ihrer Arbeit immer wieder Anfragen erhalten für bestimmte Dokumente. Zum Beispiel:

- Anleitungen
- Statistiken
- Team-Informationen
- Monatsberichte
- Häufige Fragen & Antworten
- Ihre Mustermappe

und so weiter.

Was im typischen Fall geschieht, wenn eine Anfrage für ein solches Dokument eintrifft, ist folgendes: Wir klicken „Antwort", schreiben ein paar Sätze, klicken auf „Attachment" und suchen das Dokument in unserer Ablage, bis wir es der E-Mail beifügen können.

Auch hier gibt es ein paar Tricks um ein bisschen Zeit zu sparen. Zugegeben, nur ein bisschen, aber wir haben ja schon oben gesehen, dass sich diese paar Minuten zu ganz ordentlicher Zeitersparnis auflaufen!

Drei Möglichkeiten helfen Ihnen in diesem Fall Zeit zu sparen:

Erstens: zentraler Ordner

Legen Sie eine Kopie dieser Dokumente, die Sie immer wieder an eine E-Mail „anhängen" müssen, in einem zentralen Ordner ab, zum Beispiel auf Ihrem Desktop.

Damit ersparen Sie sich längeres Suchen sobald Sie das Dokument als Attachment zu Ihrem E-Mail finden müssen.

Zweitens: Information zum Dokument

Ganz praktisch ist es auch, wenn Sie sich zum Vornherein eine Notiz erstellen, in der Sie die Informationen zum jeweiligen Dokument festhalten. Dafür können Sie zum Beispiel Microsoft Word oder Microsoft Notepad benützen.

Sobald Sie die entsprechende E-Mail schreiben müssen, können Sie die Notiz zum Dokument öffnen und die benötigten Textpassagen einfach kopieren und in Ihre E-Mail einfügen.

Drittens: E-Mail Vorlage

Noch einfacher ist es, wenn Sie sich eine E-Mail Vorlage erstellen. In der Vorlage erwähnen Sie alles, was Sie üblicherweise beim Dokument-Versand in der E-Mail so schreiben. Dann „hängen“ Sie das Dokument gleich ans E-Mail und schicken es sich.

Wie oben beschrieben können Sie diese E-Mail Vorlage in Ihrem Nachrichtenvorlagen-Ordner ablegen und bei Bedarf schnell und einfach an den Adressaten weiterleiten.

Diese Lösung ist extrem effizient, sie ist mein Liebling unter diesen Tricks.

Viertens: Dropbox Ordner

Ist das Dokument so „gross“ dass die Datenmenge beträchtlich ist, zum Beispiel wenn es viele Fotos enthält, so lohnt es sich, das Dokument zu Dropbox hochzuladen statt es als E-Mail Anlage zu versenden.

Dropbox (www.dropbox.com) ist ein Service, bei dem Sie Daten in der „Cloud“ aufbewahren können. Bis zu einer gewissen Datenmenge ist der Service gratis; so können Sie ihn einfach mal ausprobieren.

Bei Dropbox können Sie Ordner erstellen. Normalerweise sind Ihre Ordner nur für Sie persönlich zugänglich, aber Sie können sie auch für Dritte öffnen.

So können Sie Ihre oft benützten Dokumente je in einen Dropbox-Ordner hochladen und danach dem Adressaten einfach den Zugangs-Link zusenden.

Zu Dropbox gibt es auch viele Alternativ-Anbieter, die Sie mit einer Google-Suche leicht finden können.

Zeitspar-Trick Nr. 3:

Projektarbeiten ohne E-Mail-Flut

Nun gut, das tönt jetzt erst einmal extrem, aber lesen Sie doch bitte kurz weiter:

Wenn mehrere Leute an einem Projekt arbeiten gibt es immer ein bisschen Hin und Her. Jeder will und muss seinen Input liefern, gewisse Sachen davon müssen zusammengebündelt werden, andere stehen in keinem Zusammenhang zueinander. Und dann gilt es Termine zu berücksichtigen...

Kurz: Ein Projekt zu managen mit zwei oder mehreren Teilnehmern kann ganz schön kompliziert sein!

Wenn wir uns dabei nur auf E-Mails verlassen verlieren wir viel Zeit. Denn nicht nur müssen wir dabei viel tippen, wir müssen auch viel lesen, immer wieder eine bestimmte E-Mail finden können, aussortieren welche Information uns betrifft, und so weiter. Natürlich wird auch unsere E-Mail Inbox wieder überfüllt sein...

Doch das muss nicht sein. Hier liste ich ein paar Alternativen auf zum „Projektmanagement by E-Mail“:

Skype oder Telefon:

Zuerst muss das gute alte Telefon erwähnt werden. Wie bereits früher erwähnt sparen Sie oft Zeit, wenn Sie sich statt hinter die Tastatur hinter den Hörer klemmen.

Mit Skype und ähnlichen Diensten, z.B. WhatsApp, können Sie mittlerweile gratis in der ganzen Welt herumtelefonieren. Und zwar nicht nur von Ihrem Computer, sondern mittels App auch bequem von Ihrem Mobiltelefon.

Telefonkonferenz:

Auch diese können Sie mittlerweile gratis organisieren online. Dienste wie zum Beispiel GoToMeeting offerieren eine Plattform wo sich Team-Mitglieder online „um den Konferenztisch versammeln“ zur Diskussion, unabhängig davon, in welchem Erdteil sie sich gerade befinden.

Sogar mit Ihrem iPhone können Sie eine Telefonkonferenz organisieren. Hier steht wie das geht: http://iphone-tricks.de/anleitung/216-telefonkonferenz-mit-dem-iphone .

Kalender-Tools:

Einen Termin zu finden mit mehreren vielbeschäftigten Projektmitarbeitern kann extrem schwierig sein wenn man E-Mail benützt. Aber wenn alle das gleiche Kalender Tool verwenden, dann wird die Sisyphus-Arbeit gleich viel einfacher. Die beiden gängigsten Kalender-Varianten sind Outlook und Google.

Machen alle Projekt-Mitarbeiter ihren Kalender zugänglich, so sehen Sie auf einen Blick wo es eine freie Stunde hat, die allen passt. Danach können Sie eine Terminanfrage via Outlook schicken. Die Empfänger können bequem mit einem Mausklick den Termin annehmen, und er wird gleich bei allen im Terminkalender eingetragen.

E-Mails im Sinne von „Wie wäre dieses Datum?" – „Nein, kann ich nicht; wie wär's mit xxx?" sind damit eine Sache der Vergangenheit, und allen Teilnehmern bleibt eine Menge E-Mail Verkehr erspart .

Perfekt.

Projekt Plattformen:

Online gibt es auch Plattformen, die sich für Projekte und andere Arbeiten anbieten, bei denen mehrere Leute zusammen am selben Strang ziehen.

Auf der Plattform können Aufgabenlisten, Zwischenresultate, Fragen, Unterlagen und so weiter deponiert werden. Sie sind dann für alle zugänglich. Somit müssen die Teilnehmer keine E-Mails austauschen, und der E-Mail Posteingang bleibt schön leer.

Ich persönlich habe noch keine dieser Plattformen ausprobiert, aber ich habe zum Beispiel schon viel Gutes von Basecamp gehört.

Zeitspar-Trick Nr. 4: Tastenkombinationen und Abkürzungen

Beim Schreiben von E-Mails müssen wir verschiedene Textfelder ausfüllen. Zudem möchten wir oft Titel in Fettschrift schreiben, Textfragmente verschieben oder einkopieren, und so weiter.

Dafür benützen die meisten von uns die Computermaus. Das bringt es mit sich, dass wir die Hand von der Tastatur nehmen, die Maus bedienen, und erst danach unsere Hand wieder zurück auf die Tastatur führen und mit dem Tippen weiterfahren können.

Damit verlieren wir Zeit. Zugegeben, jedes Mal nur ein paar Sekunden – aber die können sich ganz schön aufsummieren!

Statt der Computermaus können wir Tastenkombinationen benützen, mit denen sich das gleiche Resultat erreichen lässt.

Hier sind ein paar der gängigsten Tastenkombinationen, die sich in Microsoft Outlook und Word benützen lassen:

Strg + C ist Kopieren

Strg + V ist Einfügen

Strg + X ist Ausschneiden

Strg + P ist Drucken

Mit Sternchen * vor und nach einem Wort (*Fettschrift*) wird dieses in **Fettschrift** geschrieben.

... und so weiter. Sie können weitere Tastenkombinationen googeln, es gibt jede Menge. Vielleicht möchten Sie es einmal probieren mit den Kombinationen?

Stellen Sie sich eine Liste zusammen, drucken Sie sie aus, heften Sie sie an Ihren Bildschirm und sehen Sie doch einfach mal wie Sie damit klar kommen.

Zeitspar-Trick Nr. 5: 10-Finger-System

Auf dem Gymnasium mussten wir Maschinenschreiben lernen. Mensch, das hat uns angeödet! Nach dem Skilager hat sich sogar eine Klassenkameradin einen Verband um den Daumen gebunden und erklärt, sie hätte sich beim Skifahren eine Verstauchung zugezogen. So hat sie sich aus der Stunde schummeln können.

Damals war nicht abzusehen, dass diese ungeliebten Lektionen einmal etwas vom Nützlichsten sein würden, was wir während den Gymnasiums-Jahren gelernt haben!

Wussten Sie, dass jemand, der am Computer arbeitet, durchschnittlich 10'000 Wörter pro Woche tippt? Das würde bei Amazon Kindle schon fast als Buch durchgehen. Ein Buch pro Woche, getippt von Ihnen!

Da lohnt es sich doch schon, dass wir uns einmal Gedanken darüber machen, wie schnell wir eigentlich die Tastatur bedienen. Oder?

Bei 10FastFingers.com können Sie einen Test machen um zu sehen, wie schnell Sie tippen können. Und wie Sie im Vergleich so dastehen.

Gemäss den Angaben zum Test ist der Durchschnittswert dort 51 Wörter pro Minute. Das ist sehr hoch, was sich daraus erklären lässt, dass im Test die 200 häufigsten

Wörter benützt werden, und dass wir einfach abschreiben können, statt unsere Gedanken zu Papier zu bringen.

Aber benützen wir die 51 Wörter pro Minute mal für eine kurze Rechnung:

10'000 Wörter : 51 Wörter pro Minute = 196 Minuten = 3 Std. 12 Min.

wenn Sie 10 Prozent schneller tippen könnten:

10'000 Wörter : 56 Wörter pro Minute = 179 Minuten = 2 Std. 54 Minuten

Mit einer 10% höheren Geschwindigkeit beim Tippen könnten Sie pro Woche 18 Minuten sparen. Das wären im Jahr über 14 Stunden!

Und das beim Hochgeschwindigkeits-Tippen. Normalerweise würden wir eher von ca. 40 Wörter pro Minute ausgehen. Eine 10%-ige Steigerung lässt uns in diesem Fall 23 Minuten pro Woche sparen. Macht pro Jahr ca. 18 Stunden!

Wenn Sie also das „Adler-System" benützen (zweimal kreisen und dann auf die Taste niederstürzen; Geschwindigkeit: ca. 25 Wörter pro Minute) dann wäre jetzt ein guter Moment, um sich einmal Gedanken über Ihren Zeitverlust beim Schreiben zu machen.

Beziehungsweise um sich selber am Schopf zu nehmen und einen Kurs im Maschinenschreiben zu beginnen. Online gibt es verschiedene solcher Kurse, sie können einfach einmal eine Google-Suche durchführen.

Die Zeit, die Sie brauchen um das 10-Finger-System solide zu lernen, oder um schneller zu werden beim Tippen, werden Sie im Nu beim E-Mail-Schreiben wieder einsparen – versprochen!

10

Erobern Sie Ihre Freizeit zurück

Die Technik macht's möglich: Was wir in der Hosen- oder Handtasche mit uns tragen, kann mehr als vor ein paar Jahren ein ganzer Computerraum!

Unsere smarten Mobiltelefone haben unseren Alltag ganz schön verändert mit allem, was sie uns so anbieten. Fotos, Chats, Produkte kaufen, und so weiter: alles immer nur einen Fingerdruck entfernt!

Natürlich hat unser Smartphone auch Einfluss darauf, wie wir uns gegenüber E-Mails verhalten.

In den Internet Anfangsjahren setzte man sich an den Schreibtisch, schaltete den Computer ein, wartete auf eine Internet-Verbindung, öffnete das E-Mail Programm und hatte erst dann – endlich! – Zugang zum E-Mail Postfach.

Natürlich finden wir das heute amüsant.

Denn jetzt sind unsere Nachrichten immer nur ein paar Sekunden von uns entfernt. Mehr als das braucht es nicht bis unser E-Mail Posteingang auf dem Smartphone oder iPad geöffnet ist. Unglaublich praktisch!

Aber leider auch unglaublich stressig.

Früher konnten wir die Arbeit im Büro hinterlassen und am Morgen dahin zurückkehren. Sogar wenn wir gewollt hätten, wir konnten daheim keine Computerarbeit erledigen. In vielen Fällen, meiner eingeschlossen, war auch das Mitnehmen von Akten schwierig wegen der Geheimhaltung. Nicht auszudenken wenn Dokumente in die Hände von Drittpersonen gefallen wären!

Darum hatten wir nach Arbeitsende Feierabend. Frei! Bis zum Arbeitsbeginn am nächsten Morgen.

Heute hingegen ist das völlig anders. Der Druck, auch nach Feierabend einen Blick auf seine E-Mails zu werfen und die eine oder andere zu beantworten ist heute riesig. Dementsprechend erhalten wir sogar während unserer freien Zeit neue E-Mails von Chef, Team-Mitgliedern oder Kunden.

Aber nicht nur die Arbeit ruft auch in der Freizeit: Sogar die Freizeit selber bereitet Stress. Facebook, Twitter, Xing, Instagram, und so weiter machen Spass. Doch zunehmend stöhnen die Benützer darüber, dass Sie andauernd auf Pikett stehen. Jede Sekunde kann etwas Neues reinkommen, etwas, worauf wir reagieren müssen, ansonsten wir total uncool und aus dem Loop sind. Stimmt doch, oder?

Denn je mehr Menschen auch in der Freizeit andauernd mit dem Smartphone in der Hand anzutreffen sind, desto mehr wird erwartet, dass wir ebenfalls umgehend auf Nachrichten welcher Art auch immer reagieren. Darüber haben wir ja schon im ersten Kapitel gesprochen.

Wussten Sie, dass für eine grosse Anzahl Menschen das Mobiltelefon das Letzte ist, was Sie vor dem Schlafengehen anfassen? Und dass sehr viele auch morgens als erstes, sogar noch im Bett, ihre Nachrichten prüfen?

Über die Gefahr dieser krankmachenden Gewohnheit können Sie sich im Bonus Tipp 2 informieren.

Als Freiberuflerin finde ich es ziemlich schwierig, in meiner Freizeit abzuschalten. Die Arbeit ist ja nie richtig zu Ende, und es ist so einfach, noch schnell etwas zu erledigen und einen Punkt von der Aufgabenliste abzuhaken. Ist auch irgendwie befriedigend. Aber macht das wirklich Sinn? Ist es gesund?

Mit grosser Sicherheit nicht.

Wenn wir uns das genau überlegen, dann führt dies doch dazu dass wir:

Befehle entgegen nehmen

Andere sagen uns, was wir jetzt zu tun haben. Nicht nur die Chefin, indirekt, indem sie uns ein „wichtiges E-Mail, das ich Dir rasch weiterleiten wollte“ in die Inbox knallt. Sondern auch unsere Freunde, mittels „Unbedingt anschauen: lustiges Katzenvideo – zum totlachen!“.

Andere über unsere Zeit verfügen lassen

„Pling“ kann uns aus jeder Tätigkeit reissen, sei das beim Duschen, Fernsehen oder sogar beim romantischen Nachtessen. Wir sind darauf konditioniert, SOFORT nachzusehen was los ist. Und das sind nicht nur wir: Der Absender der Nachricht erwartet das nämlich durchaus.

Reagieren

Auch wenn wir im Moment keine grosse Lust dazu haben, Nachrichten beantworten wir praktisch immer.

Wenn man es so anschaut, dann ist unser Verhalten ziemlich bescheuert, oder?!

Deshalb ist es wichtig, dass wir uns unsere Freizeit zurückerobern!

Geben Sie sich endlich wieder einmal „freie Zeit“ – also Zeit, in der Sie eben NICHT fremdbestimmt sind! In der Sie agieren können, nicht reagieren! In der Sie machen können was Sie *genau jetzt* möchten, ohne andauernd von einem „pling“ und einer Nachricht gestört zu werden.

Und wie erhalten Sie Ihre Freizeit zurück?

Genau wie während der Arbeit sollten Sie sich angewöhnen, Nachrichten auf dem Mobiltelefon nur während festgesetzten und zeitlich beschränkten Terminen zu kontrollieren. Das gilt für private ebenso wie geschäftliche E-Mails. Keine Sorge, in einem wirklichen Notfall wird man Sie anrufen! Da wird sich niemand auf Facebook, SMS oder E-Mail verlassen.

Während den anderen Zeiten schalten Sie Ihr Mobiltelefon einfach aus. Oder zumindest auf „Bitte nicht stören“.

Viele von uns juckt es andauernd, doch schnell auf das Display zu gucken um zu sehen, was so läuft. In diesem Fall empfehle ich Ihnen, dass Sie das Gerät in ein anderes Zimmer legen. Hoffentlich können Sie es dann für eine Weile vergessen!

Ausserdem müssen Sie unbedingt das ewige „pling“ loswerden: schalten Sie die automatischen Benachrichtigungen aus!

Entspannung

Wir leben in einer hektischen Zeit. Nicht nur sind wir viel unterwegs und sammeln ständig neue Eindrücke, wir sind auch einer ungeheuren Flut von Informationen ausgesetzt.

Deshalb ist es wichtig, dass Sie auch einmal abschalten können. Und entspannen.

... aus Gewohnheit

Wissenschaftliche Studien haben gezeigt, dass uns ein Verhalten zur Gewohnheit wird, wenn wir es circa 30 Mal machen. Immer zur gleichen Zeit bzw. in der gleichen Situation.

Daher lege ich Ihnen dringend ans Herz, einmal für 30 Tage während Ihrer Freizeit Ihr Mobiltelefon zur Seite zu legen. So kann sich die Gewohnheit bilden, dass Sie in Ihrer freien Zeit genau das tun, was Sie möchten. Ich bin ganz sicher, dass Sie sich wesentlich entspannter und besser fühlen werden!

11

Das System im Überblick: In 7 Schritten gewinnen Sie die Kontrolle über Ihre E-Mails

Gratulation! Sie haben dieses Buch zu Ende gelesen und hoffentlich schon von ein paar Tipps und Tricks rund um die Erledigung Ihrer E-Mails profitiert.

Wenn Sie nicht schon damit begonnen haben, dann ist jetzt die Zeit reif, das ganze System in die Praxis umzusetzen.

Tipp:
Auf der Webseite, die dieses Buch begleitet (www.barbarabruhwiler.com/email-checklisten) finden Sie eine Übersicht dieser 7 Schritte. Drucken Sie sie aus – das wird es Ihnen einfacher machen, sich diese guten Gewohnheiten anzugewöhnen.

Mit diesen 7 einfachen Schritten gewinnen Sie im Nu Kontrolle über Ihre E-Mails:

1. Schritt: Leeren Sie Ihren E-Mail Posteingangskorb

Schaffen Sie einen neuen Ordner in Ihrem E-Mail Programm. Verschieben Sie alle E-Mails von Ihren diversen E-Mail Postfächern (wenn Sie verschiede E-Mail Adressen haben) in diesen Ordner.

2. Schritt: Bündeln Sie alle E-Mails in einem Posteingang

Leiten Sie die Post von allen Ihren E-Mail Adressen zu Ihrem Haupt-E-Mail Account weiter. Löschen Sie alle E-Mail Adressen/Accounts, die Sie nicht wirklich benötigen.

3. Schritt: Behalten Sie Ihren E-Mail Posteingang ordentlich

Folgende Gewohnheiten helfen Ihnen dabei:

--- schalten Sie die automatische E-Mail Benachrichtigung aus

--- bringen Sie auch andere Benachrichtigungen zum Schweigen (z.B. die von Facebook, Twitter, etc.)

--- bearbeiten Sie Ihre E-Mails nur zu festgesetzten Zeiten

--- öffnen Sie Ihre E-Mails nur einmal; Sofortentscheid was tun damit

--- Eliminieren Sie so viele E-Mails wie möglich

--- Prüfen Sie die „3-E-Mail-Regel“

--- Legen Sie ein paar – wenige! – E-Mail Ordner an

4. Schritt: Bearbeiten Sie Ihre E-Mails mit der 4-Fragen-Methode

Jede E-Mail lesen und sofort entscheiden:

*** Eliminieren?

*** Archivieren?

*** Erledigen?

*** Spätere Erledigung planen?

5. Schritt: Vermeiden Sie eine weitere E-Mail Flut

Kennzeichnen Sie E-Mails als „Junk“ oder „Spam“, tragen Sie sich von E-Mail Verteilerlisten aus und setzen Sie Filter ein.

6. Schritt: Werden Sie Ihre E-Mail „Altlasten“ los

Das führt Sie zum Erfolg:

-- reservieren Sie täglich 10 bis 30 Minuten für deren Bearbeitung

-- folgen Sie der Reihenfolge – kein Rosinenpicken!

-- löschen Sie was immer möglich

-- archivieren Sie was Sie später benötigen

-- beantworten Sie was Sie können; möglichst kurz (5 Sätze)

-- tragen Sie Aufgaben in Ihre Agenda oder Aufgabenliste ein

7. Schritt: Schreiben Sie effiziente E-Mails

Befolgen Sie diese Tipps:

*** das richtige Kommunikationsmittel wählen

*** Verteilerlisten benützen

*** sorgfältige Wahl der Adressaten

*** präzise Betreff-Zeile

*** Anrede?

*** fünf Sätze

*** Antworten direkt in der E-Mail

*** Zeilenumbruch, Nummerierung, Fettschrift...

*** geschlossene Fragen

*** maximal 3 Fragen

*** Signatur einrichten

*** aussagekräftige Attachments

Wenden Sie auch die **Tricks zum Zeitsparen** an:

Trick 1: E-Mail-Nachrichtenvorlagen

Trick 2: Oft versandte Dokumente

Trick 3: Projektarbeiten ohne E-Mail-Flut

Trick 4: Tastenkombinationen und Abkürzungen

Trick 5: 10-Finger-System

Und vergessen Sie nicht, Ihr Mobiltelefon für ein paar Stunden zur Seite zu legen, damit Sie sich entspannen und Ihre **Freizeit zurückerobern** können.

Ich wünsche Ihnen alles Gute und viel Befriedigung mit Ihrem leeren E-Mail Postfach!

Barbara Brühwiler

PS: Ich würde mich freuen von Ihnen zu hören! Sagen Sie "Hallo", senden Sie mir Ihre Fragen, und, natürlich, lassen Sie mich wissen wenn Sie dieses Buch hilfreich fanden.

Schreiben Sie einfach an:

Barbara@expat-living.info

PS 2: Immer wieder veranstalte ich Preisaktionen für meine Bücher. Dann biete ich sie zu einem reduzierten Preis oder sogar kostenlos an. Möchten Sie darüber informiert werden, so können Sie sich auf meine E-Mail Liste eintragen. Hier ist der Link dafür:
www.barbarabruhwiler.com/smalltalk-gratis-hoerbuch

Als Bonus erhalten Sie auch kostenlos die Hörbuch-Version meines Buches „*In 8 einfachen Schritten zum erfolgreichen Smalltalk: Nette Leute kennenlernen, Ihr Netzwerk ausbauen, Freunde finden, Selbstbewusstsein ausstrahlen*".

Selbstverständlich ist Ihre E-Mail Adresse sicher bei mir. Kein Spam – garantiert!

Bonus Tipp 1

Smartphone Stress und die krankmachenden Folgen

Wie krank der fortwährende E-Mail- und Smartphone-Stress machen kann hat Karl Allmer am eigenen Körper erlebt: Er war süchtig nach seinem Mobiltelefon und landete schliesslich sogar im Krankenhaus.

Glücklicherweise konnte er das Steuer herumreissen; heute führt er ein selbstbestimmtes, gestaltendes Leben. Auf seinem Blog http://lebenskünstler.at gibt er uns allen Tipps, wie man sich vom Stress, immerzu auf Abruf sein zu müssen, verabschieden kann.

In diesem Artikel teilt Karl seine Erfahrungen mit uns:

Das Smartphone - **Wundertüte und Teufelsinstrument** zugleich. Auf der einen Seite versorgt es uns mit Informationen und belustigt uns mit leichter Unterhaltung. Doch natürlich hat es auch seine Kehrseite, da reicht ein vorsichtiger Rundum-Blick: Ich sehe Gesichter, die übermüdet sind, angestrengt, ein Lachen kommt vielen nur mehr selten über die Lippen. Genauso ging es mir als Smartphonebesitzer. **Ich war nicht mehr Herr meines Selbst!**

Am Anfang stand das Vergnügen, dann kam die Sucht

Ich war ein Spätzünder. Erst 2010 bin ich auf den Zug des Telefon-Internet-Alles-in-Einem-Super-Ding aufgesprungen.

Dafür dann umso heftiger. Das Smartphone begleitete mich überall hin. Eine neue Dimension hatte sich geöffnet. Und das auch noch kostenlos, da mein Arbeitgeber die Kosten übernahm. **Ein herrliches Gefühl der Wichtigkeit hat sich eingestellt**. Auf einen Schlag war ich allwissend und wurde immer gebraucht. Denn wenn der Arbeitgeber schon zahlt, dann ist es wohl nicht zu viel verlangt um 22:00 Uhr noch eine schnelle Mail zu beantworten.

Ja ich gebe zu: Mir und meinem Ego hat das gefallen. Meiner Frau und meinem Sohn eher nicht. Das ist mir nur nicht so aufgefallen - denn ich war süchtig.

Das 24-Stunden-rund-um-die-Uhr Smartphonieren hatte seinen Preis. Mein Körper sagte Stopp. Ich bekam furchtbare Kopfschmerzen. Und das war das Beste, was mir passieren konnte. Ok, vielleicht war der Moment in dem ich mit presslufthammerstarken Schmerzen in die CT Röhre hineingeschoben wurde, nicht der schönste, aber was danach kam, hat sich gelohnt.

Raum und Zeit zum Nachdenken

Im Krankenhaus, als die Schmerzen - dank hervorragenden Drogen aus der Flasche - nachgelassen haben, fand ich die richtigen Ingredienzien, um mein Leben und mein Tun zu überdenken. Raum und Zeit brauchte es, um meine Gedanken zu ordnen. Schon früher hatte ich mich für Philosophie interessiert, genauer gesagt für die antike Philosophie der Lebenskunst (eine sehr gute Zusammenfassung bietet Wilhelm Schmid – Philosophie der Lebenskunst). **Dabei geht es darum, sein Leben auf schöne und gute Weise zu leben - selbstbestimmt, gestaltend und unabhängig.**

Doch ich war Sklave der Zeit, des Smartphones und der Arbeit. Die Freude war aus meinem Leben gewichen. Und das habe ich erkannt. Doch wie sollte es weitergehen?

Ein Blick und Schritt zurück

Ich habe meine Gesundheit vernachlässigt, ich habe meine Freunde vernachlässigt und was am allerschlimmsten war, ich habe meine Familie vernachlässigt. Deshalb war ein drastischer Schritt notwendig. **Ich habe gekündigt.** Und mit der Kündigung hat sich auch mein Smartphone und mein Auto verabschiedet. Und da sich auch mein sicheres Einkommen verabschiedet hat, war Downshifting angesagt. Seither lebe ich ohne Smartphone. Und wie fühlt es sich an?

Der Anfang war hart. Aber so ist das eben bei einer Sucht. Ich greife in meine Tasche und finde nichts. Ich stehe in der Früh auf und habe keine E-Mails zu checken. Ich sitze im Kaffeehaus und habe kein Smartphone, das ich stolz präsentieren kann. **Kurz: Ich war nicht mehr wichtig. Das war ein Schlag in mein Egogesicht.**

Auch ein Gefühl, das ich schon lange nicht mehr kannte, hat sich in mein Leben geschlichen – Frei(z)heit. Denn ich habe nicht nur dem technischen Wunderwerk ade gesagt, ich gehe seither sehr viel bewusster mit meiner Zeit um. Auf Zeitungen und Radio verzichte ich ganz. Der Fernseher wird bewusst nur für meine Lieblingssendung angemacht. Und im Internet begrenze ich mich auch zeitlich.

Mit Verzicht zum Gewinner

Mittlerweile bin ich schon ein alter Hase im Verzichten. Und was soll ich sagen, ich habe gewonnen. Denn in einer Zeit, in der sich alles immer schneller bewegt - zumindest fühlt es sich so an - ist die **Langeweile ein gutes Gefühl.** Ich sitze am Küchentisch und plaudere mit meiner Familie, treffe mich öfters mit Freunden und finde Zeit, ein gutes Buch zu lesen. Kurz - **das Leben ist leichter geworden, persönlicher und pünktlicher.**

Zum Telefonieren borge ich mir das Telefon meiner Frau – ein Gemeinschaftstelefon wie früher. Und wenn ich mit ihr einen Treffpunkt ausmache, dann macht es dem Familienfrieden wegen Sinn, pünktlich zu sein. Man glaubt es kaum, man macht sich gemeinsam einen Treffpunkt aus und beide erscheinen pünktlich, ohne vorher fünfmal hin und her zu telefonieren – welch ein Wunder (gut, abgesehen von einer Ausnahme, aber die Geschichte würde jetzt zu lang werden...)

Smartphone-freie Zeit

Jetzt wirst Du Dir natürlich sagen, es kann aber nicht jeder kündigen oder das Firmentelefon in die Ecke schmeißen – wegen Verpflichtungen und so. Richtig! Aber man kann sich Zeit nehmen und sich selbst Fragen stellen:

- Wann, wo und wie muss das Smartphone dabei sein?
- Wann kann ich es still in die Ecke legen?
- Wie könnte ich es effizienter nutzen?
- Auf welche Funktionen / Apps kann ich verzichten?

Es gibt viele Möglichkeiten seine Smartphone Nutzungsgewohnheiten zu ändern. Ein paar Möglichkeiten, um das Smartphone in seine Schranken zu weisen, möchte ich hier aufzeigen.

- Schaffe Dir bewusst telefon-freien Raum:
    - U-Bahn / Straßenbahnfahrt ohne Telefon – mal wieder bewusst Umgebung und Mitmenschen wahrnehmen
    - Spielplatzzeit - strengstes Smartphone-Verbot
    - Schlafzimmer zur NO-NO-NO-GO Area erheben - der Lieben wegen.
    - Tagesplan mit telefon-freien Stunden - die ersten zwei Morgenstunden oder die letzten zwei Abendstunden machen durchaus Sinn.
- Schalte die automatische Synchronisierung Deiner Apps und E-Mails ab. Dies verhindert die ständige Störung durch Benachrichtigungen.
- Lösche unnötige Apps und schaffe Klarheit auf Deinem Smartphone.
- Bündle und beschränke Deine Smartphone-Zeit bewusst auf zwei oder dreimal pro Tag. Nur zu dieser Zeit wird telefoniert, werden E-Mails oder Facebook Updates gecheckt. Während der restlichen Zeit kannst

Du das Smartphone ruhig auf stumm schalten. Keine Sorge, die Welt wird sich weiter drehen.

Nimm Dir mehr Zeit für Dich und Deine Mitmenschen und Du gewinnst auf jeden Fall!

Vielleicht möchtest auch Du schon bald verzichten und gewinnen!

Genieße den Weg der Lebenskunst!

Liebe Grüsse
Karl

Über den Autor:

Hi, ich bin Karl, Student der Lebenskunst. Ich schreibe über die Kunst, das Leben zu genießen. Auf meinem Blog http://Lebenskünstler.at erfährst Du, wie Du Deinen persönlichen Weg der Lebenskunst findest, dem gesellschaftlichen Druck zum Abschied leise Servus sagst und mehr Gelassenheit und Heiterkeit in Dein Leben bringst!

Mehr über mich erfährst Du unter: Lebenskünstler.at/lebenskuenstler-wer-bin-ich

Bonus Tipp 2

Aufgabenliste statt Posteingang

Weiter vorne im Buch, im Kapitel *Falsche Vorstellungen die Sie behindern*, haben wir festgestellt, dass es eine schlechte Angewohnheit ist, E-Mails im Posteingang zu belassen als Erinnerung daran, dass wir eine Aufgabe ausführen müssen. Obwohl beliebt, ist dieses Vorgehen ineffizient, chaotisch, zeitfressend und letztlich demotivierend.

Doch was ist die Alternative?

Eine Aufgabenliste.

Ich empfehle Ihnen, dass Sie sich eine To-Do-Liste schreiben. Und am besten nicht nur eine, sondern gleich mehrere.

Über die effiziente Art, eine Aufgabenliste zu führen, könnte man ein Buch schreiben. Hier reicht der Platz also nicht für eine ausführliche Diskussion von To-Do-Listen, doch ein paar Tipps möchte ich Ihnen auf den Weg mitgeben. Um Sie damit zu motivieren, die schlechte Gewohnheit der Posteingangs-Aufgabenliste abzulegen und durch eine gute zu ersetzen.

Hier sind ein paar Ideen für die Organisation von Aufgabenlisten:

Inhalt der Aufgabenliste

Was gehört auf Ihre Aufgabenliste? Kurz gesagt nur Dinge wie „Milch kaufen“ oder „E-Mail an Christoph schreiben wg. Donnerstag“. Also Tätigkeiten, die klar definiert sind und nur einen Schritt benötigen.
Aufgelistet werden Dinge, bei denen Sie wissen, was zu tun ist, und über die Geräte, Einrichtungen, Fähigkeiten, und so weiter verfügen, um die Aufgabe zum Abschluss zu führen.

Projektliste

Aufgaben wie „Fenster im Schlafzimmer ersetzen“ sind hingegen komplizierter. Darüber müssen Sie erst mal nachdenken und dann einen Plan machen. Um diese Arbeit zum Erfolg zu bringen benötigen Sie mehrere Schritte, ebenso wie die Hilfe und Mitarbeit von anderen.

Das ist daher ein Projekt, keine Aufgabe im engen Sinn.

Setzen Sie Projekte auf Ihre Aufgabenliste, so werden Sie sie wahrscheinlich nie erledigen. Denn „Doris anrufen“ wird immer viel schneller zu erledigen sein als ein Projekt. Ausserdem bietet eine Aufgabe die Befriedigung, dass sie nach ein paar Minuten von der Liste gestrichen werden kann.

Projekte gehören auf eine eigene Liste, die Projektliste. Dort können Sie sich in Ruhe Gedanken darüber machen, welche Schritte nötig sind, um das gewünschte Resultat zu erreichen. Diese Schritte können Sie dann, einen nach dem anderen, auf Ihre Aufgabenliste übertragen.

Auf Ihrer Aufgabenliste sollten nur Tätigkeiten stehen, die Sie sofort ausführen können.

Der Zeitaufwand sollte dabei keine Rolle spielen. „Bericht Amswald fertigstellen“ wird Sie während einigen Stunden oder sogar Tagen beschäftigen, doch Sie können umgehend damit beginnen und Sie wissen genau, was zu tun ist. Das gehört also auf die Aufgabenliste.

„Vielleicht“ und „Irgendwann“

Sie haben Pläne, für die Sie jetzt keine Zeit haben? Zum Beispiel Fotobücher über die letzten 10 Jahre Ihres Lebens zu erstellen?
Oder Projekte wie „Harley Davidson fahren lernen“, die Sie einerseits reizen, bei denen Sie aber anderseits nicht sicher sind, dass Sie den Aufwand auf sich nehmen möchten?

Legen Sie eine „Irgendwann“ und eine „Vielleicht“ Liste an. Darauf notieren Sie alle diese Wünsche und Träume. Die Auflistung können Sie regelmässig durchgehen, denn wer weiss: Plötzlich kommt der richtige Moment, um diese Pläne in Angriff zu nehmen!

Zu viel des Guten...

Es gibt viel zu erledigen. Und Sie sind motiviert und ambitioniert. Wie viel packen Sie sich auf Ihre Aufgabenliste?

Täglich vor einer ellenlangen Liste zu sitzen, von der wir wissen, dass wir doch nicht alles erledigen werden können, fördert unsere Motivation nicht. Ich empfehle Ihnen, dass Sie aus Ihrer seitenlangen Liste diejenigen Aufgaben herauspicken, die Sie heute unbedingt erledigen müssen. Die gehören auf Ihre Aufgabenliste. Wenn Sie diese Tätigkeiten nämlich zum Abschluss gebracht haben, dann haben Sie einiges geschafft und werden befriedigt sein. Das motiviert dann auch, vielleicht die eine oder andere zusätzliche Aufgabe zu erledigen.

Prioritäten

Sollen Sie Ihren Aufgaben eine Priorität zuteilen? In dieser Frage spalten sich die Geister. Einerseits gibt es wichtigere und weniger wichtige Tätigkeiten. Andererseits können sich unsere Prioritäten von einer Minute auf die andere ändern.

Ich persönlich erledige die für mich wichtigen, jedoch nicht dringenden Aufgaben gerne als erstes am Morgen. Da liegt der Tag noch vor mir und ich habe des Gefühl, meine

To-Do-Liste durcharbeiten zu können.
Empfehlenswert ist es auch, die schwierigen und nicht so geliebten Tätigkeiten am Morgen zu erledigen. Wenn die schlimmsten Aufgaben aus dem Weg geräumt sind fühlen Sie sich gleich besser.

Ein anderer Grund, der gegen die Prioritäten-Liste spricht ist der folgende:

Gleiches mit Gleichem

Es ist sinnvoll und effizient, wenn wir in Blöcken arbeiten. Wie weiter vorne im Buch erwähnt, im Kapitel *Falsche Vorstellungen die Sie behindern*, empfehle ich Ihnen, E-Mails nur zu festgesetzten Zeiten zu bearbeiten. Sie schaffen sich also einen „E-Mail-Block“, während dem Sie sich ganz auf Ihre Nachrichten konzentrieren.

Dasselbe macht Sinn für andere Tätigkeiten. Zum Beispiel Telefonieren: Es fördert Ihre Produktivität wenn Sie ein Gespräch nach dem anderen führen, während einem bestimmten Zeitblock. Sie sind damit schneller und effizienter als wenn Sie sich den Tag zerstückeln lassen durch Anrufe.

Ist die Zeit zum Telefonieren gekommen, so können Sie Ihre Aufgabenliste durchkämmen und gleich alle Anrufe erledigen, die aufgelistet sind.

Örtlichkeit

Meine Kinder haben je eine Sportlektion pro Woche zu der ich sie fahren muss. Dann warte ich dort, denn nach Hause zurückzukehren lohnt sich nicht. Für diese Zeit stelle ich mir immer eine Aufgabenliste zusammen mit Tätigkeiten, die ich während dem Warten ausführen kann.

Ähnliches gilt zum Beispiel für das Pendeln zur und von der Arbeit: Im Zug, Bus oder in der U-Bahn können Sie die Zeit nutzen um etwas zu erledigen, das auf Ihrer Aufgabenliste steht. Zum Beispiel einen Artikel lesen. Die dafür benötigten Minuten können Sie im Büro für Aufgaben gebrauchen, für die Sie die Büroinfrastruktur benötigen.

Planen Sie Ihre Aufgabenliste entsprechend.

Wie Sie sehen, können Sie mit einer Aufgabenliste viel bessere Resultate erreichen, als wenn Sie Ihre E-Mails einfach im Eingangskorb liegen lassen als Erinnerung daran, was Sie zu erledigen haben.

Durchdachte Aufgabenlisten können Ihre Arbeit strukturieren und für eine effiziente, gut geplante Erledigung sorgen.

Lassen Sie mich wissen, wie Sie damit zurechtkommen? Sie können mir einfach eine E-Mail schreiben an:

Barbara@expat-living.info

Alles Gute und bis bald!

Danke

Herzlichen Dank, liebe Leserinnen und Leser!

Ich hoffe, dass Ihnen das Buch gefallen hat.

Andere Leserinnen und Leser bauen auf Ihr Urteil. Daher wären sie – und ich natürlich auch – Ihnen sehr dankbar, wenn Sie sich die Zeit nehmen könnten, um eine Rezension auf Amazon zu schreiben.

Das ist einfach, braucht nur eine Minute und ist für andere von grossem Wert.

Mit diesem Link gelangen Sie auf die Amazon.de-Seite vom Buch:

www.barbarabruhwiler.com/email-rezension

Dort können Sie mit zwei Mausklicks eine Rezension erfassen.

Vielen, vielen Dank!

Weitere Bücher von Barbara Brühwiler

Barbara ist Autorin einer Reihe von Büchern, die Sie hier finden:

www.BarbaraBruhwiler.com/Autorin

Mehr Lebensqualität und beruflichen Erfolg:

Mit ihren Büchern hilft sie anderen, dieses Ziel zu erreichen. Deshalb hat sie vor allem Sachbücher in ihrem Portfolio. Zum Beispiel:

Überzeugen: Beeinflussen mit Soft Skills und sozialer Kompetenz

Wirkungsvoll kommunizieren und andere begeistern zu können ist eine wichtige Kunst.

Wir können noch so kompetent sein und gute Ideen haben: Schaffen wir es nicht, den anderen unsere Vorschläge schmackhaft machen können, dann wird nichts daraus.

Hier lernen Sie die erfolgreichsten Strategien, wie Sie andere Menschen für Sie und Ihre Anliegen gewinnen können.

In 8 einfachen Schritten zum erfolgreichen Smalltalk:

Wie Sie nette Leute kennenlernen, Ihr Netzwerk ausbauen, Freunde finden, Selbstbewusstsein ausstrahlen.

Mit dieser bewährten Methode können Sie in nur 8 einfachen Schritten lernen, gelungenen und bereichernden Smalltalk zu meistern wie die Profis.

Erfolgreiche Gespräche führen zu können wird auch Ihr Leben verändern – starten Sie jetzt!

SMART Ziele setzen und erreichen:

Erfolg durch neue Gewohnheiten.

Wissenschaftlich erwiesen: Menschen, die Ziele setzen, leben gesünder, glücklicher und erst noch länger.

Mit der SMART Methode verwandeln Sie Ihre Wünsche in wohldefinierte Ziele. Dann machen Sie einen Plan, mit welchen Schritten Sie jedes Ihrer Ziele erreichen können, und setzen diesen Plan in die Tat um.

Ob im Beruf oder für Ihre privaten Wünsche und Träume: Lassen Sie sie Realität werden mit diesem erprobten und wirkungsvollen System.

Auch ein Roman gehört zu Barbara Brühwilers Bücher-Portfolio:

Boerewors und Chardonnay: Ein Jahr in Südafrika

Der Südafrika Bestseller-Roman

Auswandern aus der Stadt mit der höchsten Lebensqualität in die Welthauptstadt des Verbrechens?

Ja gerne, sagen Sandra und Lukas, und ziehen mit ihren zwei kleinen Jungs nach Johannesburg.

Klar dachten sie, dass das Leben in Südafrika anders ist. Aber gleich so total anders...

18255401R00065

Printed in Poland
by Amazon Fulfillment
Poland Sp. z o.o., Wrocław